JN216921

たった1秒の最強スキル

パソコン仕事が10倍速くなる80の方法

YOUR PC
WORK GETS
EXPLOSIVELY
FASTER

田中拓也

SB Creative

本書について

本書の内容は、Windows 10、Excel 2016、Word 2016、PowerPoint 2016、Outlook 2016、Internet Explorer 11 を例にしていますが、ほかのバージョンでも基本的な操作・考え方は同じです。バージョン独自の操作方法については、その旨を記載しています。

また、本書に掲載されている内容は 2017 年 3 月現在のものです。情報は変更になる可能性がありますので、ご注意ください。

注意事項

本書の出版にあたっては正確な記述に努めましたが、本書の内容に基づく運用結果について、著者、SB クリエイティブ株式会社は一切の責任を負いません。あらかじめご了承ください。

また、本書の内容に関して、編集部への電話によるお問い合わせはご遠慮ください。

はじめに

**パソコン仕事の生産性を上げるために特別な能力は必要ありません。
あなたの仕事のスピードも、今日から必ず向上できます!**

「頑張っているのになかなか仕事が終わらない…」
「もしかして、自分のパソコンの作業は遅いのでは?」
「もっと効率のよいやり方はないだろうか」
このようにお考えのすべての人のために、本書は企画されました。
パソコンで仕事をする誰もが毎日のように行っている作業が速くなる、しかもパソコンが苦手な人でも使えて、すぐに効果が現れる。数あるパソコンのワザの中から、そんなワザばかりを徹底的に厳選して紹介しています。

■ ビジネスで使うべき機能を知っている人は案外少ない

「パソコンなんて普通に使えるから必要ない」
こう考えている人にも、ぜひ本書を手にとっていただきたいと思っています。それは、普段こうやればいいと決めている操作でも、もっと「ラクに」実行する方法があるからです。
たとえばメールを書くことひとつ取ってみても、「いつもお世話になっております。○○社の田中です。」などと毎回入力していては、時間がいくらあっても足りません。仕事でパソコンを使う人なら「い」と1文字入力しただけで一瞬で変換できるようにパソコンを設定しておくべきです。これだけで10秒近くの差があります。

▼

いつもお世話になっております。〇〇社の田中です。

これはMicrosoft IMEの単語登録のワザですが、WindowsやExcel、Wordなどにも、ちょっとしたことで生産性に大きな差が出る知識、ワザがたくさんあります。

WindowsやExcel、Wordなどには、わかりやすい画面やメニューが備わっているため、なんとなくでも使えてしまいます。それはパソコンを始めたばかりの初心者の人や、日頃あまりExcelなどを使わない人にとってはありがたいものです。でも、毎日のようにWindowsを使い、Excelなどを使うビジネスパーソンであれば、そのようなわかりやすいメニューを使っていてはいけません。

昨今は、同じ量の仕事を、なるべく時間をかけずに終わらせることが求められています。そうした状況で、一番取り組みやすく、成果が出やすいもののひとつがパソコンの使い方を見直すことなのは間違いありません。

■ この一冊で、効果の高いワザをまとめて習得できる！

本書には大きく2つの特徴があります。

● 全編を通して仕事が速くなる操作・機能をピックアップして紹介

仕事が速い人だけが知っている、便利なワザを多数紹介しています。みなさんも「そんなやり方があったのか！」と思うことがきっとあるでしょう。

● 仕事で利用する方法、シチュエーションもイメージしやすく解説

単なるパソコン機能の解説ではなく、どんなときに、どんな風に使うと効果的かまでを説明しています。

筆者は20年以上、パソコン誌の編集や書籍の執筆に携わってきました。そんな経験の中から、「これは使える！」というワザをたくさん仕入れて、自分の仕事の高速化に利用してきました。本書で紹介するワザは、そんなさまざまなワザの中から、以下の基準で選定されています。

・普通にメニューで操作するよりも確実に速い
・毎日何度も使う機会がある
・事前に準備・設定しておくことで仕事の効率化に直結する

仕事で覚えなくてはいけないことは山ほどあります。業務の専門知識や語学、マーケティングやマネジメントなどなど。そのため、パソコンの知識についてはできるだけ使えるもの、効果が高いものから覚えていただきたいと思います。

本書を通じて、みなさんがこれまでパソコン仕事に費やしてきたムダな時間がなくなり、もっと自由な時間を楽しめるようになることを、心より願っています。

CONTENTS

1章
Windowsの操作が最高に速くなる

2章
文字入力が驚くほど速くなる

3章
情報収集スキルが飛躍的に高まる

4章
知るだけで Excel の作業が速くなる

5章
伝わる文書が短時間で仕上がる

6章
メールの処理があっという間に終わる

7章
ファイルとフォルダーを自在に扱う

8章
パソコンの潜在能力を100%引き出す

1章

Windows の操作が最高に速くなる

●右クリックメニューを表示するためにキーボードからマウスに持ち替える
●毎日使うアプリを「スタート」メニューから起動する
●アプリを終了するとき右上にある「×」をクリックする

今日からは、これらの操作は一切やめてみましょう!

これらはいずれも「マウスを使った操作」です。マウスを使った操作は誰にでもわかりやすいのですが、そのために「速さ」が犠牲にされています。

仕事では毎日Windowsを使うわけですから、マウスを使う「わかりやすい」操作から卒業して、「速さ」を重視する方法に取り組んでいくことにしましょう。

本章では、できるだけ速くWindowsを操作する方法を紹介します。ひとつひとつのワザで節約できる時間はごくわずかなものですが、積もり積もって「ゆとり」を生み出します。

01 あるキーを知ることが高速化の第一歩

「アプリケーションキー」で作業を効率化

みなさんは「アプリケーションキー」という名前のキーを知っていますか？　キーボードの右下、Alt と Ctrl の間に挟まれている、▤の図柄が描かれているキーです（右ページ参照）。「**存在は知っているが、あまり使ったことはない**」という人も多いかもしれません。

▤の役割は、「右クリックメニュー」（マウスを右クリックした際に表示されるメニュー。コンテキストメニューとも呼ばれる）を表示することです。そのため、普段マウスを使っている人にとってはあまり必要のないキーともいえます。

しかし、**パソコンの仕事を速くしたい人にとって、▤は非常に重要なキー**です。▤を使いこなすことができれば、パソコン仕事は格段に改善できます。

たとえば、普段みなさんが行っているExcelの作業を思い出してみてください。「形式を選択して貼り付け」や「セルの書式設定」の表示など、さまざまな作業で右クリックを使っていると思います。

しかし、右クリックメニューを表示するためだけに、毎回マウスに持ち替えていたのでは、あまりに効率が悪いですし、腕も疲れてしまいます。そこで、これまで右クリックしてから操作していた作業を、▤での操作に切り替えてみてください。はじめのうちは戸惑うかもしれませんが、慣れてくるとそれぞれの操作をすばやく実行できるようになります。

02分 短縮

[アプリケーションキー]で右クリックメニューを表示する

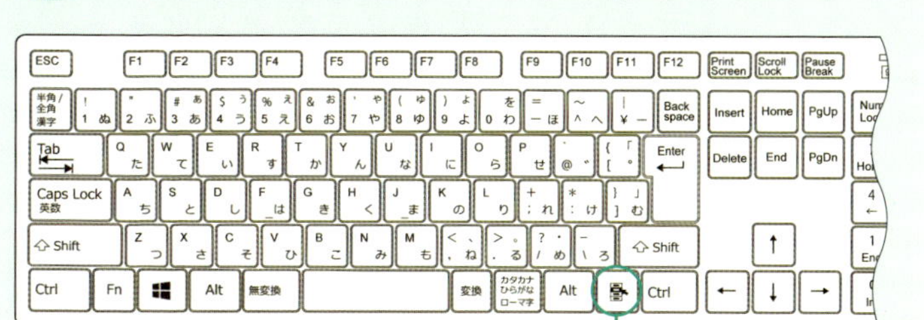

キーボードによっては[アプリケーションキー]がない場合もある。
その場合は、[Shift]＋[F10]で代用できる

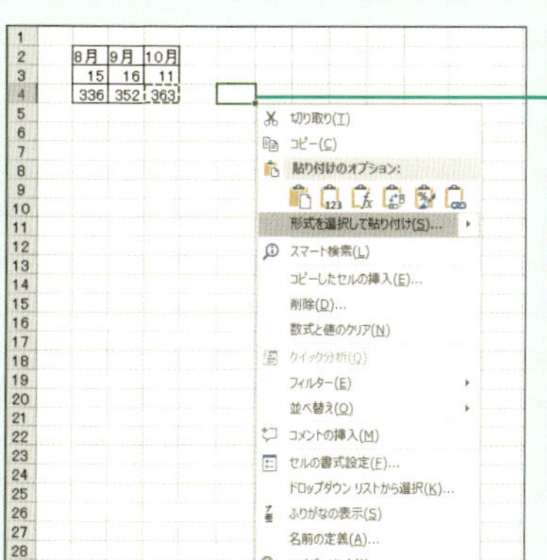

① [アプリケーションキー]を押して右クリックメニューを表示

② [↑][↓]でメニューを選択して[Enter]を押す

メニュー名の後ろに書かれたアルファベットのキーを押してもよい。
何も操作せずにメニューを閉じるには[Esc]を押す

ワンランク上のショートカットキー [Shift]＋[アプリケーションキー]

[Shift]＋[アプリケーションキー]を押すと、「読み取り専用で開く」や「パスのコピー」「コマンドウィンドウをここで開く」といった、より高度なメニューを表示することが可能です。

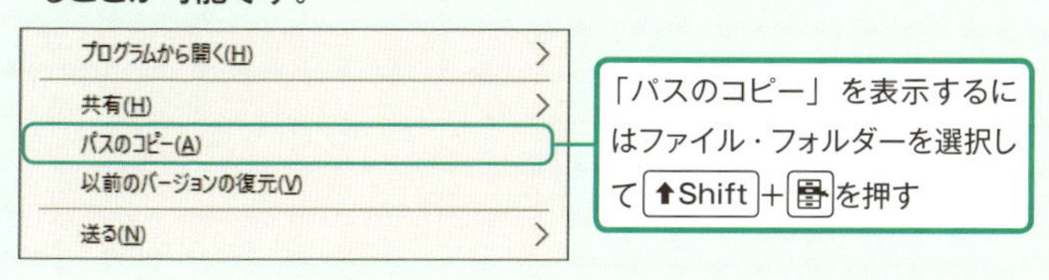

「パスのコピー」を表示するにはファイル・フォルダーを選択して[Shift]＋[アプリケーションキー]を押す

02 基本の操作にメニューは使わない

仕事で絶対に使ってほしい基本のショートカットキー

基本中の基本ではありますが、**仕事でパソコンを使う人なら絶対に覚えておいてほしいショートカットキー**から紹介します。ここで挙げた操作を右クリックメニューやメニューバーから行っていては大変で、時間がかかりすぎます。ショートカットキーに不慣れな人は、まずはここから習得してください。

（1）すべてを選択

Ctrl＋A を同時に押すと「すべてを選択」できます。Word ですべての文章を選択するときも、フォルダーの中にあるファイルをすべて選択するときも使えます。とにかく全部選択したい場面ではこれを押せば OK です。

（2）操作をキャンセル

Esc を押すと「操作をキャンセル」できます。文字の入力を途中で取りやめるときも、ダイアログに表示されている「いいえ」を押したいときも、Excel のセルを間違えて編集状態にしてしまったときも、とにかく操作を途中でやめたいときは Esc です。使う機会が多く、時短には欠かせないキーです。

（3）切り取り／コピー／貼り付け

選択したもの（テキストやファイル、セルなど）を**コピーするには Ctrl＋C、切り取るには Ctrl＋X**、コピーや切り取ったものを**貼り付けるには Ctrl＋V** です。うっかり操作をミスしたときには、**Ctrl＋Z で直前の操作を元に戻すことができます。**

基本のショートカットキーを使う

すべてを選択

Ctrl + A を押すと、文書のコンテンツ、フォルダー内のファイルなど、何でも「すべて選択」できます。

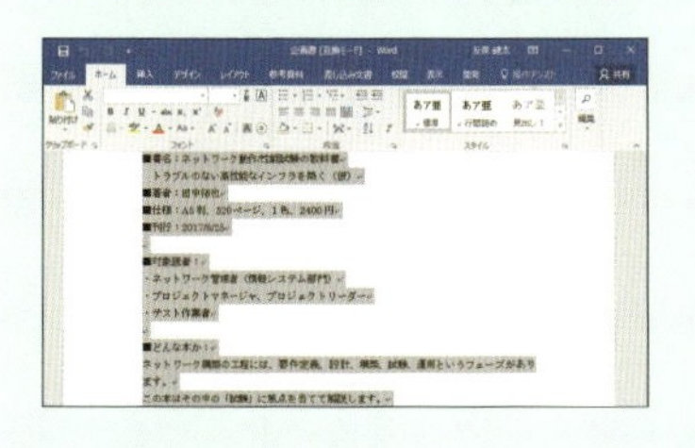

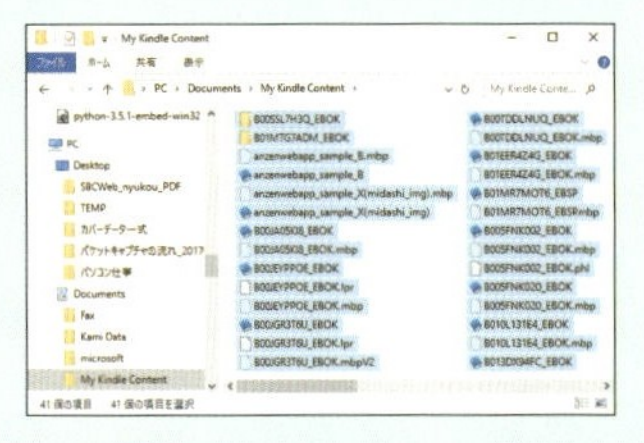

操作をキャンセル

Esc を押すと、どんな操作も途中でキャンセルできます。ダイアログを「キャンセル」で閉じるときにも使えます。

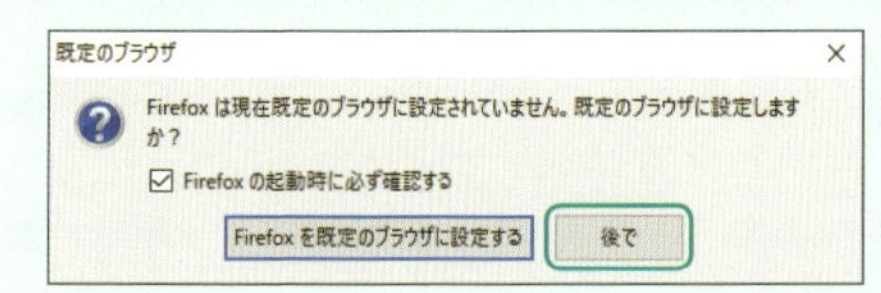

切り取り／コピー／貼り付け

Ctrl + C でコピーまたは Ctrl + X で切り取りをして、Ctrl + V で貼り付け、というのがセットです。必要なキーはキーボードの左下にまとめられています。

03 作業データを失わないための大事な習慣

作業中はCtrl+Sをこまめに押すことが鉄則

仕事でパソコンを使う人に確実に習慣にしてほしいパソコン操作、それが**作業データのこまめな上書き保存**です。

「保存しないで夢中で仕事をしていたら、アプリが固まった。一日分の仕事がパー」

こうなってはパソコンの仕事を速くするどころではありません。

そこで、このような悲劇を生まないためにも、**上書き保存を行うショートカットキーCtrl+S**をぜひ利用してください。

メニューからの保存では作業のリズムを邪魔してしまうかもしれませんが、ショートカットキーであればポンと押すだけで一瞬です。**あるていど作業の区切りがついたらCtrl+S、そしてまた区切りがついたらCtrl+S…という具合に、作業中に保存の操作を入れるクセをつけることができます。**目安としては10分に1回押すくらいの頻度でもよいと思います。ぜひ一日に何度も押すようにしてください。

なお、上書き保存をしたあとでも**Ctrl+Zで作業を元に戻す**ことができます。うっかり変なところで上書き保存をしてしまったときは、あわてず騒がずCtrl+Zで正しい作業内容まで戻ってからCtrl+Sを押し直すようにしてください。

Ctrl + S で上書き保存する

F と J のキーには出っ張りがついていて、ここに左右の人差し指を置くのがタイピングのホームポジションです。
そこから左手を左下にすっとずらして小指は Ctrl に、中指は S に置くのが基本の動きとなります。

（参考）仕事が速くなる定番ショートカットキー

ショートカットキー	機能
Ctrl + N	新規作成（ほとんどのアプリで共通）
Ctrl + O	ファイルを開く（ほとんどのアプリで共通）
Ctrl + F	検索（ほとんどのアプリで共通）
Ctrl + H	置換（Excel、Word、PowerPoint）
Ctrl + P	印刷（ほとんどのアプリで共通）
Ctrl +マウスホイール	表示の拡大・縮小（ズーム可能なほとんどのアプリで共通）

04 やり直しと繰り返しを上手に活用する

Ctrl＋Zと Ctrl＋Yは最強の味方

パソコンで仕事をしているとき、操作のミスは頻繁に起こってしまうものです。しかし**「直前の操作を元に戻す」方法を知っていれば安心です。**どんなにミスをしても、一瞬でなかったことにすることができます。

そこで利用するのがCtrl＋Zです。このショートカットキーは非常に強力です。文字の入力ミスも、ファイルのコピーや移動も、Officeソフトの作業も、かなりの部分まで元に戻すことができます。1回、2回…と押すたびに、ひとつ前、ふたつ前…と操作を戻していくことができます。

ただし、一部戻せない操作もあることと、操作を戻せる回数に制限があることには注意が必要です。たとえばExcelやWordでは100回まで操作を戻すことができます（2007以降）。PowerPointは初期状態では20回までと設定されていますが、オプションで150回まで増やすことができます（右ページ参照）。

そして、Ctrl＋Zで元に戻した操作をやはりやり直したいというときには、Ctrl＋Yを押します。

Ctrl＋Yは「直前の操作を繰り返す」という機能のショートカットキーです（OfficeソフトではF4でも同じ）。これもぜひ知っておいてください。これを使いこなすだけで作業効率が劇的に改善します。たとえば、フォントの変更、色の変更、行揃え、などなど、**ほとんどの操作をキーを押すだけで繰り返すことが可能です。**

08分短縮

操作を元に戻す・繰り返す

操作を元に戻す

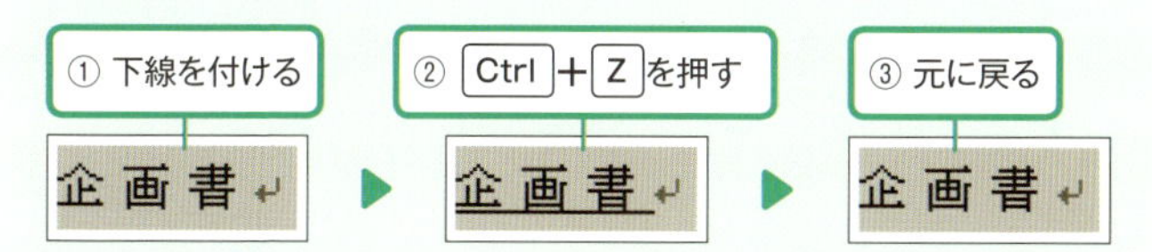

操作を繰り返す

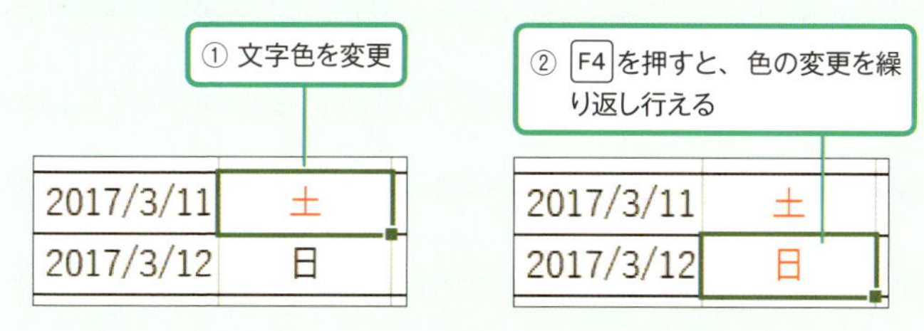

（参考）PowerPoint で元に戻す操作の回数を増やす

「ファイル」→「オプション」で「PowerPoint のオプション」を開く

PowerPoint 2007 では Office ボタン→「PowerPoint のオプション」

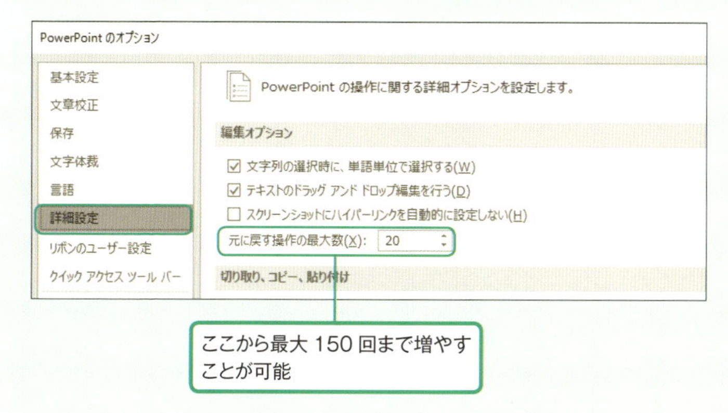

05 アプリやウィンドウは「×」で閉じない

Ctrl+Wと Alt+F4を使い分けよう

最近のパソコンは基本性能が向上していますが、アプリやブラウザのタブをあまりたくさん開いているとメモリ不足となり、パソコンの動作が遅くなってきます。そこで、利用していないアプリはなるべく終了させ、ブラウザのタブは閉じることをおすすめします。

一日に何度も行う操作なので、ウィンドウの「×」をクリックするのではなく、ぜひショートカットキーを使ってください。

(1) アプリの画面を閉じるには Ctrl+W

Ctrl+Wは「閉じる」という動作です。たとえばブラウザでタブが複数開いているときは、タブをひとつ閉じます。Excel や Word で複数のファイルを開いているときは、現在表示しているファイルだけ閉じます。エクスプローラーのウィンドウも閉じることができます。ブラウザのタブも開くたびにメモリを消費しますので、Ctrl+Wを使う機会は非常に多いと思います。

なお、ブラウザにタブがひとつだけのときなど、結果的にアプリが終了する場合がありますが、本質的には「閉じる」操作です。

(2) アプリを終了するには Alt+F4

アプリを終了するには Alt+F4を押します。タブをいくつも開いているブラウザや、ファイルを複数開いて作業している Excel や Word も、いきなり終了させることができます。

ちなみに Alt+F4は Windows を終了するときにも使えます。

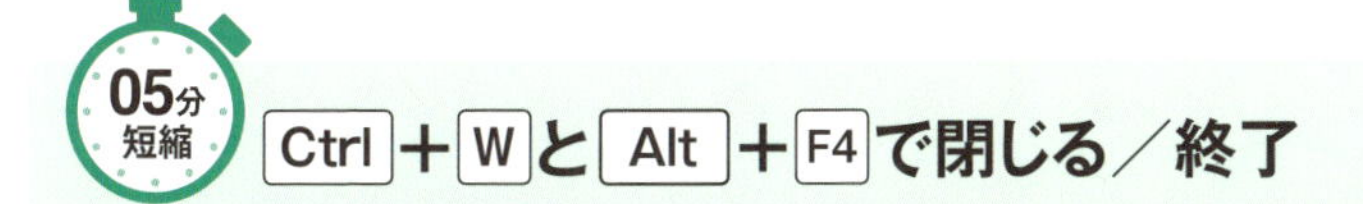

05分短縮 Ctrl＋WとAlt＋F4で閉じる／終了

ブラウザのタブを閉じる

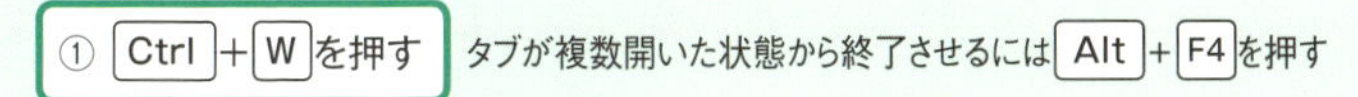

① Ctrl＋Wを押す　タブが複数開いた状態から終了させるにはAlt＋F4を押す

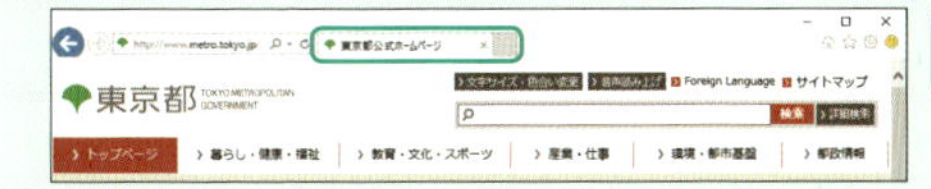

② タブが閉じる

フォルダーを閉じる

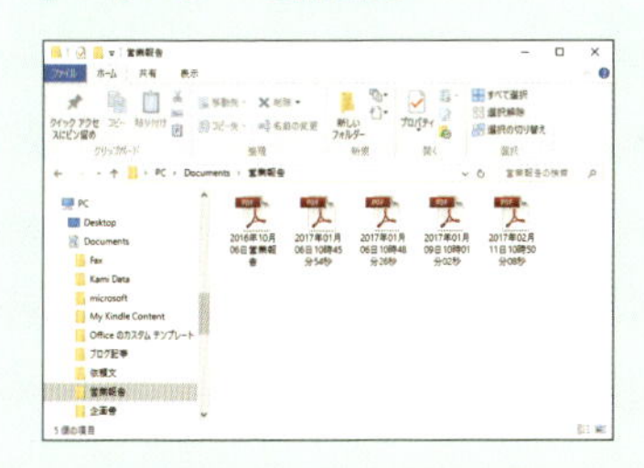

フォルダーを閉じるにはCtrl＋W／Alt＋F4を押す

アプリの終了

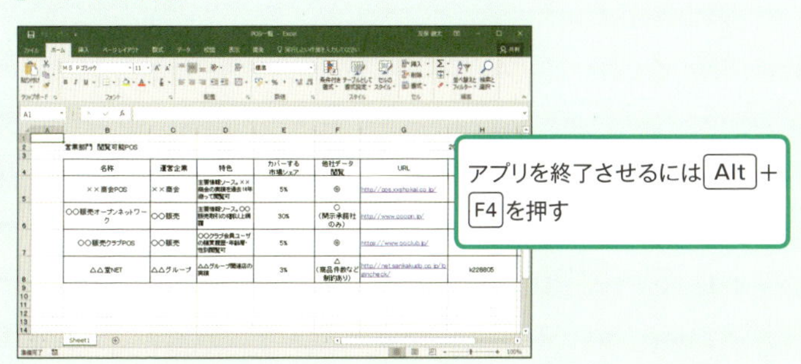

アプリを終了させるにはAlt＋F4を押す

Ctrl＋Wだと現在表示しているファイルを閉じる

06 よく使うアプリはタスクバーに集める

タスクバーの活用がパソコン作業効率化には不可決

日々のパソコン仕事の作業効率を上げるために最初に行っておきたいこと。それが、**一日に何度も使うアプリをタスクバーに登録しておくこと**です。

タスクバーに登録したアプリは、ワンクリックで即座に起動できます。このワザのことを知っている人は多いと思いますが、**仕事でよく使うアプリを本当に漏れなく登録できているか、ぜひ一度確認してみてください**。スタートメニューを開いてからアプリを起動するには3秒以上かかりますが、タスクバーからなら1秒です。頻繁に起動するアプリをタスクバーに登録するだけで、パソコン仕事の作業効率はかなり改善します。

同じような用途として、デスクトップ上にアプリのショートカットを作って、そこからアプリを起動している人がいるかもしれません。この方法も別に悪くはないのですが、画面にウィンドウが開かれているとアクセスできないのが難点です。タスクバーなら常に表示されているので、いつでも目的のアプリを起動できます。

タスクバーにアプリを登録するには、**スタートメニューから目的のアプリを選択して、タスクバー上にドラッグ&ドロップ**します。これだけで登録完了です。

タスクバーからアプリを削除するには、**タスクバー上のアプリのアイコンを右クリックして、「タスクバーからピン留めを外す」を選択**します。

04分 短縮

タスクバーを活用する

デスクトップのショートカットから起動する方法もあるが、ウィンドウが開くと隠れてしまうのが不便

タスクバーは常に表示されていて、いつでもアクセスできる

タスクバーにアプリを登録する

タスクバーに登録したアプリの並び順は、ドラッグ&ドロップで入れ替え可能

登録したアプリをタスクバーから削除する

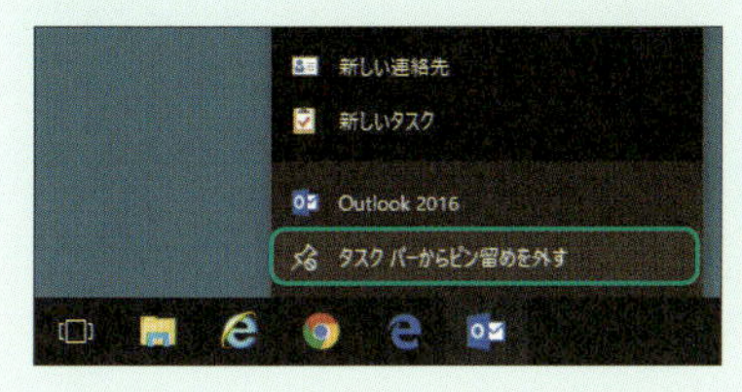

タスクバー上のアプリのアイコンを右クリックして、「タスクバーからピン留めを外す」を選択

Windows 7では「タスクバーにこのプログラムを表示しない」を選択

07 たまに使うアプリは検索で起動する

⊞（ウィンドウズキー）からの検索ワザを活用しよう

毎日の仕事でよく使うアプリは、技06で紹介したようにタスクバーにどんどん登録しておきましょう。**Macでは、デスクトップの下に20個近くアプリのアイコンが並んでいます**が、それくらいタスクバーに並べてしまってよいと思います。

筆者の場合は、ブラウザとOfficeソフト、エディタ、電卓、社内業務アプリにコントロールパネルなども並べています。こうすることで仕事で使うアプリはほとんど瞬時に起動できるようになっています。

とはいえ、ときどき起動するアプリも中にはあります。その場合はスタートメニューから起動しますが、ただ単にメニューからアプリを探していては手間がかかって大変です。

そこで、そのようなときにはWindowsの検索を使うのが便利です。まず、キーボードの左下にある**⊞（ウィンドウズキー）を押してスタートメニューを表示します。**ここでアプリを探すためにマウスに待ちかえたりせず、**起動したいアプリの名前をそのまま入力します。**1文字入力するごとにアプリの候補が表示されるので、**候補の中から目的のアプリを選択してEnterを押せばアプリを起動できます。**

また、Windows 10ならスタート画面をカスタマイズしておくのもおすすめです。スタートメニューのアイコンの上で右クリックし、「スタート画面にピン留めする」「スタート画面からピン留めを外す」を選択して、使い勝手のよい状態にしておきましょう。

アプリを検索して起動する

アプリを検索して起動する

⊞を押してスタートメニューを表示

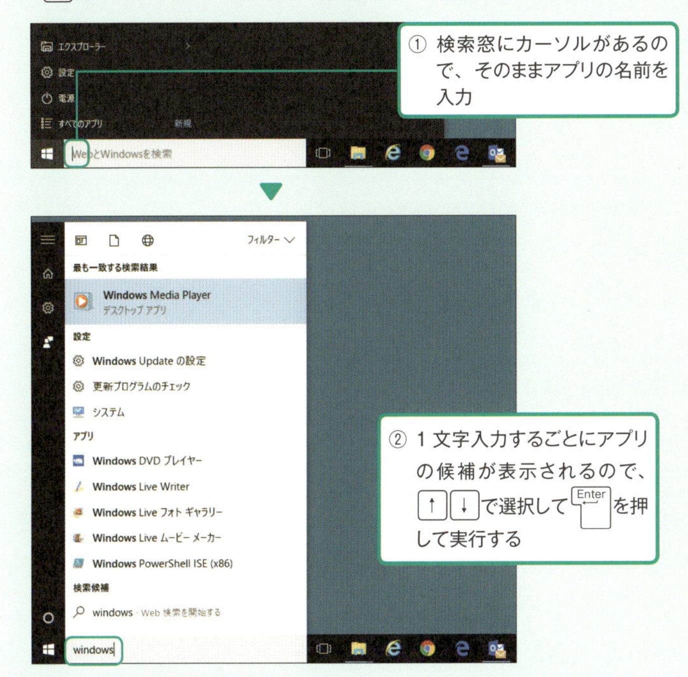

スタート画面のカスタマイズ（Windows 10）

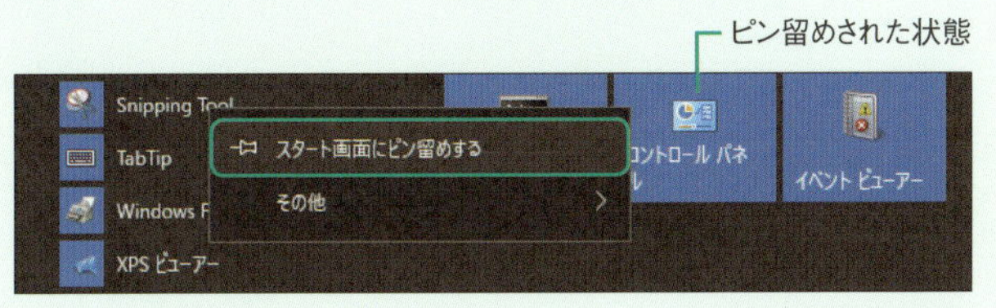

スタート画面に登録したいアプリを右クリックして、「スタート画面にピン留めする」を選ぶ

08 アプリを最速で起動する方法

思った瞬間にアプリが起動できる究極のワザ

技06ではタスクバーから、技07ではスタートメニューからアプリを起動しましたが、ここで紹介するのは第3の方法です。アプリを起動するための**オリジナルのショートカットキー**を設定します。

筆者は、この方法がアプリの起動を速くする究極の方法だと思っています。タスクバーをクリックするのももちろん速いのですが、マウスに手を伸ばしてカーソルを動かす必要があるため、思い立った瞬間とまではいきません。

その点、たとえば Ctrl + Alt + A をショートカットキーに設定しておけば、左手の親指、中指、小指で瞬時に押すことができます。筆者はそこにメモ帳を登録していて、何か書きたいと思った瞬間にメモ帳を起動できるようにしています。みなさんも瞬間的に起動したいアプリをぜひ登録してみてください。

オリジナルのショートカットキーは次の手順で作ります。

まずは、**スタートメニューからショートカットを作りたいアプリを探し、右クリックして「その他」→「ファイルの場所を開く」を選択します。**これでショートカットアイコンがあるフォルダーが開きます。

続いて、**ショートカットのアイコンを選択した状態で Alt + Enter を押します。**プロパティが表示されるので、**「ショートカット」タブの「ショートカットキー」の枠をクリックして、任意のキーを押します。**これで Ctrl ＋ Alt ＋任意のキーというショートカットキーが自動で入力されるので「OK」を押して保存します。

※ Windows 10 でショートカットキーを押してからアプリが起動するまでに数秒待たされる不具合が出たときは、Windows ＋ I を押して「設定」を開き、「×」をクリックして閉じてください。これで不具合が解消されます。

02分短縮

オリジナルのショートカットキーを作る

① アプリを右クリックして、「その他」→「ファイルの場所を開く」を選択し、ショートカットアイコンのあるフォルダーを開く

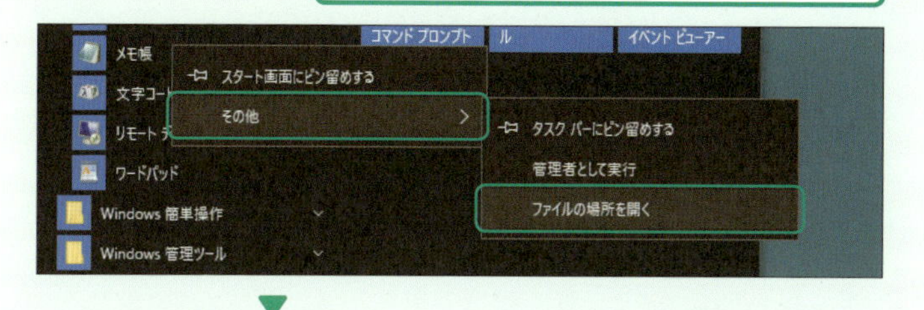

Desktop
Internet Explorer
メモ帳

② ショートカットアイコンを選択して、Alt + Enter を押し、プロパティを開く

③「ショートカットキー」の枠をクリックしてから任意のキーを押すと設定される

「これらの設定を変更するには管理者の権限が必要です」という警告が出ることもあるが、そのまま「続行」をクリックすればよい

09 作業環境を一瞬で整える

快適な作業環境を作る、超便利なショートカットキー

集中して効率よく仕事をするためには、何よりもまず**作業に集中できる「快適な作業環境」を用意することが大切です。**机の上が散らかっていると注意散漫になってしまうのと同様に、パソコンの画面がごちゃごちゃしていると作業に集中できません。机の上を常にきれいな状態に保つためにはみなさんの不断の努力が必要ですが、**パソコンの画面はたった1秒ですぐに整えられます。**

ここで利用するのが⊞(ウィンドウズキー)です。多くの人はこのキーを「スタートメニューを表示するため」にしか使っていないのですが、実はこのキーには便利なショートカットキーが多数割り当てられています。むしろ筆者は「**⊞の真価はほかのキーと組み合わせて使用したときにこそ発揮される**」と思っています。慣れるまでに何回か練習が必要かもしれませんが、ここで紹介するワザの中からぜひひとつでも使ってみてください。

(1) 作業ウィンドウを最大化・最小化

⊞+↑を押すと、現在の作業ウィンドウが最大化されます。これによって、周囲にある余計な情報を完全に遮断することができ、画面を広く使えるので作業効率が向上します。

最大化したウィンドウは⊞+↓**で元のサイズに戻せます。**なお、さらに**⊞+↓を押すと、作業ウィンドウを最小化できます。**他人に見られたくないウィンドウを瞬時に隠すことができます。

04分短縮

⊞のとても便利な使い方

作業ウィンドウを最大化

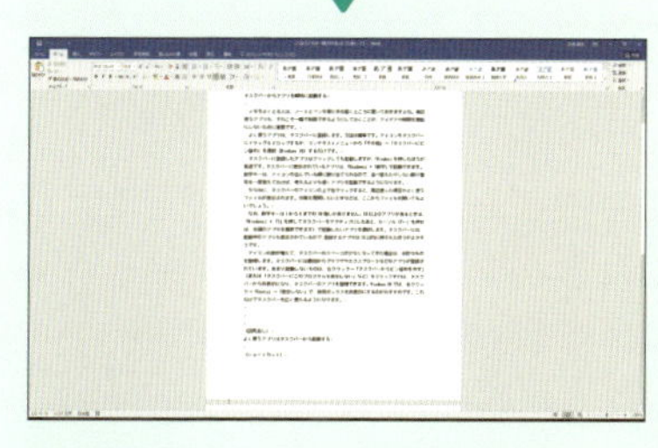

① ⊞＋↑を押す

② 作業ウィンドウが最大化される

作業エリアが広くなり、画面もスッキリするため、快適に作業できる

作業ウィンドウを最小化

① ⊞＋↓を押す

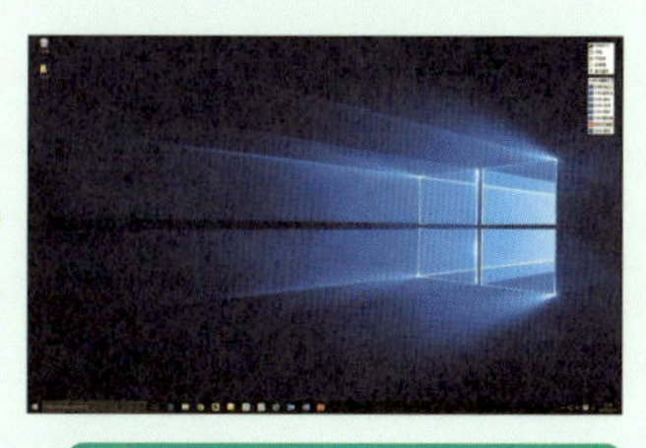

② 作業ウィンドウが最小化される

(2) 作業ウィンドウ以外を最小化

⊞+Homeを押すと、作業ウィンドウ以外の全ウィンドウを一括で最小化できます。これによって、一瞬で背景をすっきりさせることができます。元の状態に戻すには⊞+Homeをもう一度押します。

(3) すべてのウィンドウを最小化

⊞+Mを押すと、作業ウィンドウを含む、すべてのウィンドウを最小化できます。デスクトップ上に配置しているファイルやフォルダーを操作したい場合に便利です。元に戻すには⊞+Shift+Mを押します。

(4) ウィンドウを左右に並べる

画面サイズの大きいディスプレイを使用している場合は、ひとつの作業ウィンドウを最大化すると、画面左右の余白部分が目立ってしまい、かえって作業しづらい場合があります。

このようなときに便利なのが**⊞+←と⊞+→**です。これらのショートカットキーを入力すると、作業ウィンドウが「画面をちょうど二分割するサイズ」になって、画面左側、または画面右側に配置されます。

この機能を使って、あるウィンドウを左側に、別のウィンドウを右側に配置すれば、かんたんな操作で同じ大きさのふたつのウィンドウをきれいに横に並べることができます。ウェブサイトで情報を確認しながら資料をまとめたり、あるフォルダーのファイルを別のフォルダーへコピーしたりする際に便利です。

04分短縮

ウィンドウをキーボードで自在に操る

作業ウィンドウ以外を最小化

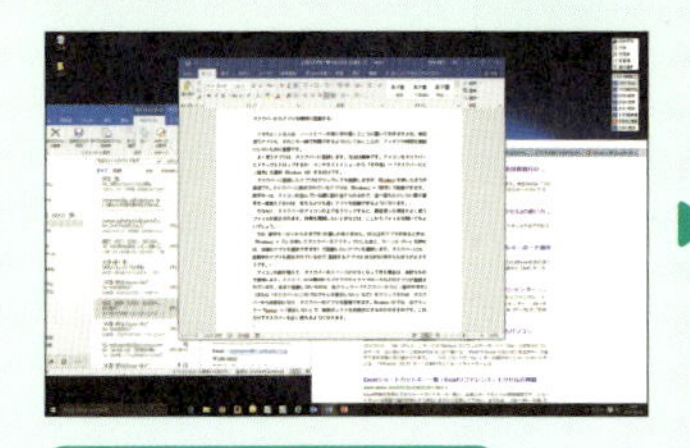

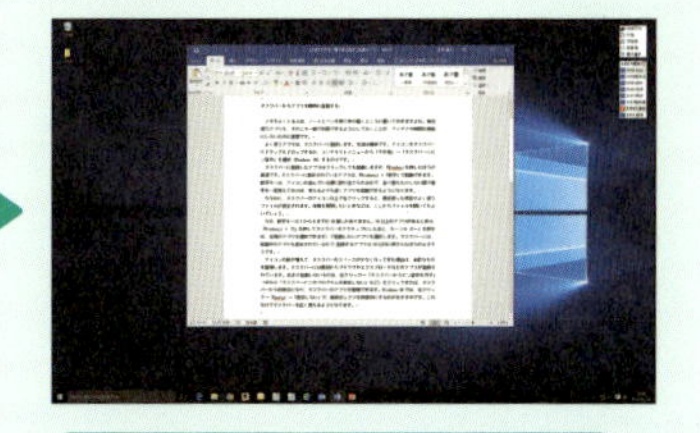

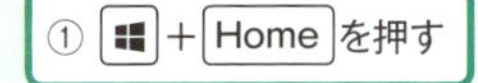

② 作業ウィンドウ以外の全ウィンドウが最小化される

すべてのウィンドウを最小化

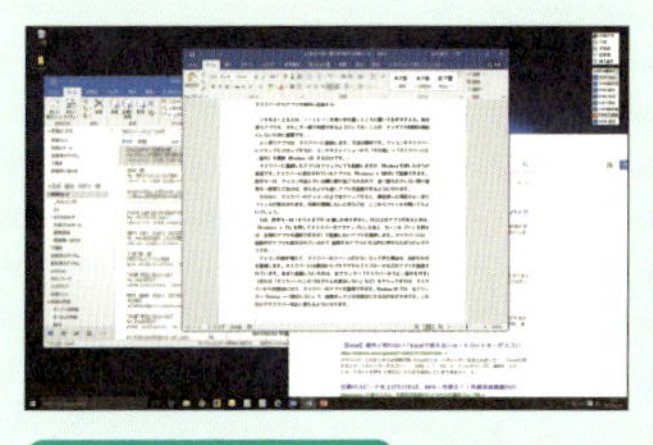

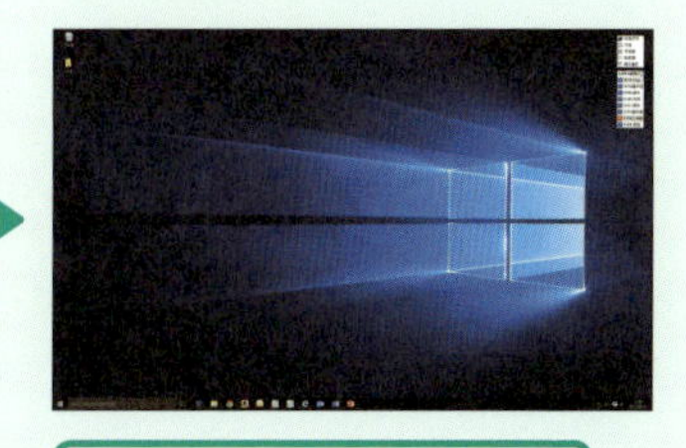

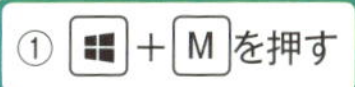

② 全ウィンドウが最小化される

ウィンドウを左右に並べる

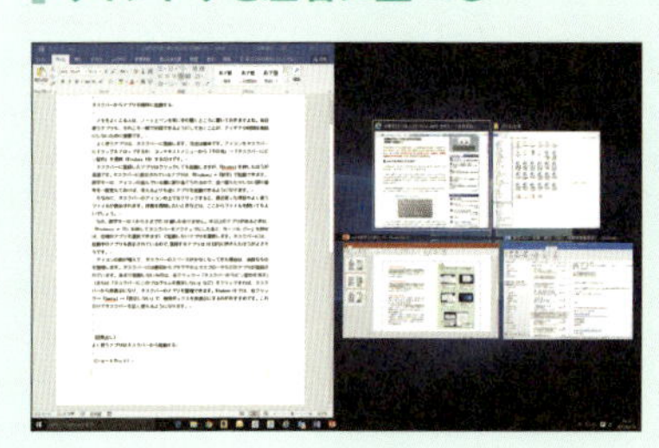

① ⊞ + ← を押して作業ウィンドウを左側に配置

② 右側に配置するウィンドウを選択

10 あらゆる操作を瞬時に実行する方法

アプリのショートカットキーは暗記しなくて大丈夫

Windowsのエクスプローラーや Office ソフト（Excel、Word、PowerPoint）の操作をショートカットキーで実行できるようになると、作業効率が劇的に改善します。**その効果は絶大です。**もし、みなさんが今現在、ショートカットキーをあまり使っていないのであれば、今まで使ってこなかったことを少し後悔するかもしれません。それくらい、ショートカットキーを使うことで面倒な仕事を大幅に改善できます。

筆者がこのようにショートカットキーの便利さを説明すると、「**ショートカットキーを覚えれば作業効率が向上することは知っているけど、そもそもショートカットキーを覚えるのが大変だし、面倒**」という人がいます。みなさんの中にもそのようにお考えの人がいるかもしれません。

でも安心してください。**Windowsのアプリを操作するためのショートカットキーは、一切暗記する必要はありません。**覚えておかなければならないのは「**最初に Alt を押す**」ということだけです。

エクスプローラーや Office ソフトを開いている状態で Alt を押すと、メニューの項目名の部分にそれぞれの操作のショートカットキーが表示されます。あとは画面上の表示を見ながら順番にキーを押していくだけで、目的の操作を実行できます。

この機能はとても便利なので、ぜひ試してみてください。慣れてくると、あらゆる操作を瞬時に実行できるようになります。

よく使う操作を Alt から実行する

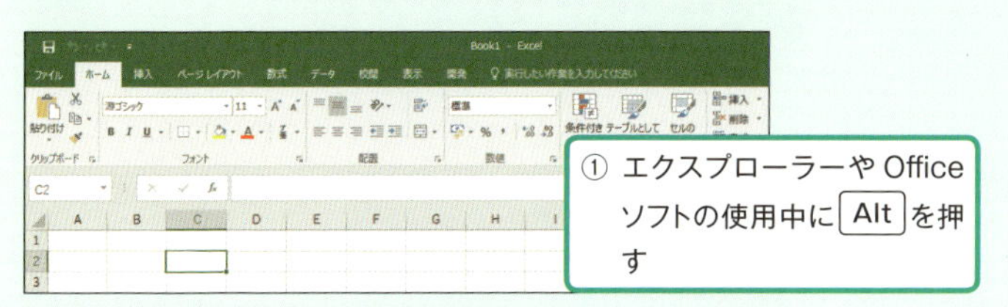

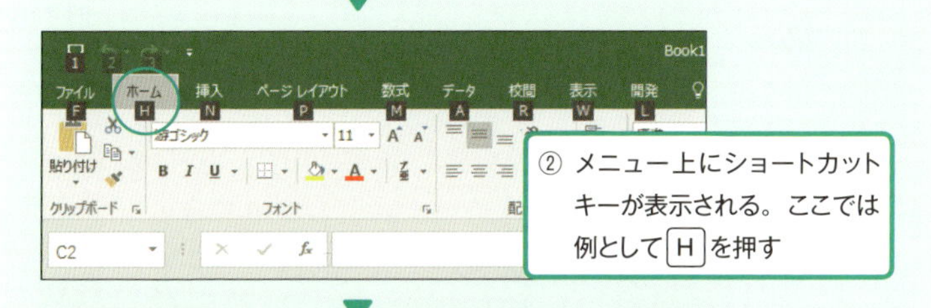

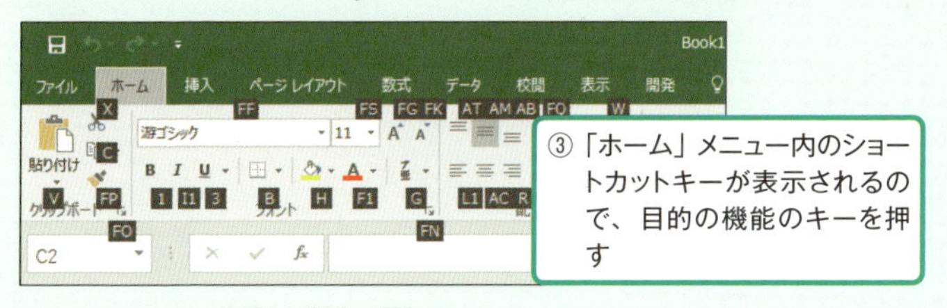

たとえば Excel で Alt → H → H と押すと、「塗りつぶしの色」の機能が呼び出せる。また、「FS」のように 2 文字で書かれたショートカットキーは、F を押してから S を押す

（参考）Windows 7 のエクスプローラー

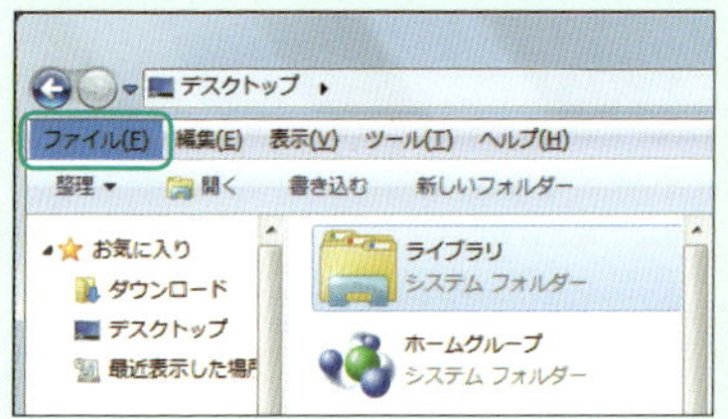

Windows 7 のエクスプローラーでは、Alt を押してもショートカットキーは表示されない。↑ ↓ ← → を使用して目的の操作メニューにアクセスし、Enter で操作を実行する

11 ファイルを開くのに時間をかけない

ファイルを起動するアプリはきちんと設定しておこう

当たり前の話ですが、仕事のパソコン上で**ファイルを開こうとしたときに、使いたいアプリで即座に開ける**ことが大切です。

通常、ファイルをダブルクリックすると特定のアプリが開きます。たとえば、Wordの文書ファイルならWordが、PDFファイルならAcrobat Readerが、といった具合です。これは**Windowsではファイルの種類ごとにアプリとの関連付けが設定されている**ためです。

しかし、画像ファイルなどは閲覧と編集の用途でアプリを使い分けたいこともあります。このようなときに使うのが右クリックメニューにある「プログラムから開く」です。

ファイルの上で右クリックし、「プログラムから開く」を選ぶと、ファイルを開くことのできるアプリが表示されます。**使いたいアプリをクリック**すれば、アプリが起動してファイルを直接読み込めます。アプリを先に起動してからファイルを開く方法に比べて、大幅な時短になりますので、ぜひこちらの方法を使ってください。

また、ダブルクリックしたときに開くアプリが使いたいアプリでないのに我慢している人は、一刻も早く次の方法でアプリを変更してください。

ファイルの上で右クリック→「プログラムから開く」→「別のプログラムを選択」をクリックし、「常にこのアプリを使って（拡張子）ファイルを開く」にチェックを入れてから「OK」をクリックすれば、開くアプリの設定が書き換わります。

ファイルを開くアプリを変更する

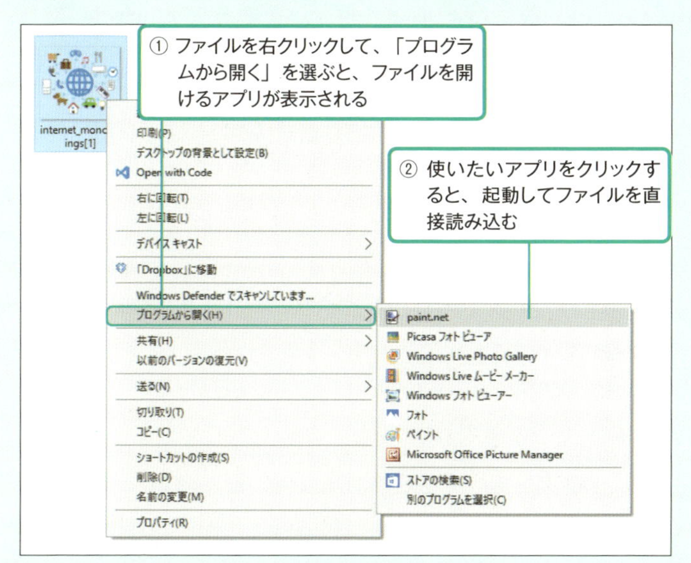

ダブルクリックでファイルを開くアプリの変更方法

上図のメニューを開き、「プログラムから開く」の中の「別のプログラムを選択」をクリック

12 マウスを使わずにアプリを切り替える

キーボード操作の速度を落とさない便利ワザ

パソコン上で複数のアプリを一度に起動して、それらを行き来しながら仕事をしている人は多いでしょう。たとえば、Excel、Word、ブラウザ、メールソフトを同時に起動しているような状況です。

そんな状況で起動中のアプリやフォルダーをすばやく切り替えることができる便利なショートカットキーを紹介します。それぞれ特徴があるので、状況や目的に応じて使い分けてみてください。

(1) Alt + Tab ／ Alt + Esc

Alt + Tabを押すと、画面中央に起動中のアプリやウィンドウの一覧が表示され、ひとつ前に操作していたアプリが選択されます。Alt を押したまま Tab を複数回押すと、選択対象のアプリが切り替わり、Alt から指を離すと決定されます。

起動しているアプリが少ない場合は**Alt + Esc**も便利です。Alt ＋ Esc を押すと、アクティブなウィンドウがひとつ前にアクティブだったものへ切り替わります。

(2) ⊞ + T ／ ⊞ + 数字キー

アプリの切り替えは**⊞ + T**、または**⊞ + 数字キー**でも行えます。指定する数字は「タスクバー上の左端からの順番」です。たとえば、タスクバーの左端にあるアプリを選択する場合は⊞ ＋ 1 を押します。

なお、タスクバーにアプリを登録している場合、**このショートカットキーを実行することで、アプリを起動することも可能**です。

03分短縮

ショートカットキーでアプリを切り替える

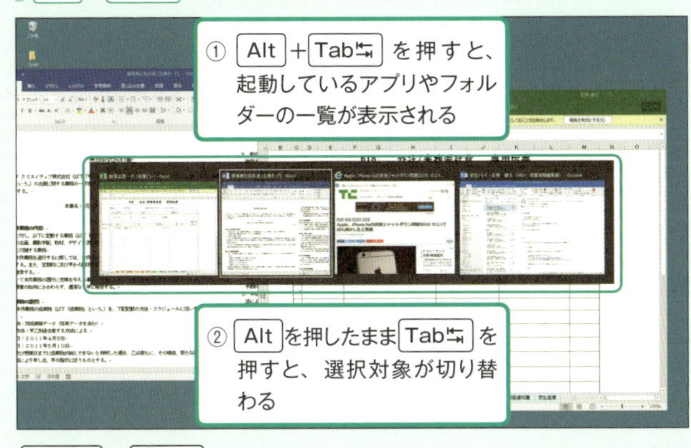

⇧Shift + Tab で逆方向にも切り替えられる

⊞+数字キーで切り替え

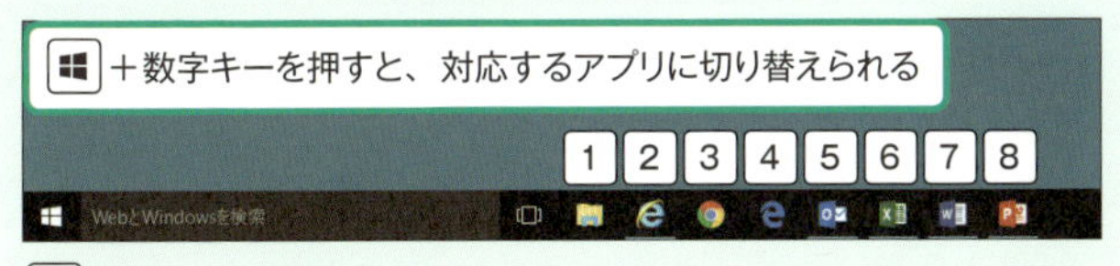

⊞ +数字キーで指定する数字には、テンキーは使えないので注意。文字キーの最上段にある数字キーを押す。

⊞ + T は、タスクバーのアイコンが選択された状態になる。← → で選択対象を切り替えて Enter を押す

⊞+数字キー／⊞+Tでアプリを起動

⊞ +数字キーと ⊞ + T は、タスクバーを直接操作するショートカットキーなので、アプリの起動にも使えます。

⊞ + 5 を押すと、Outlook が起動

13 パソコンの画面を自在に切り取る方法

Prt Scr と Snipping Tool を使い分けよう

自分の作業環境を他人に説明するために、パソコン上の画面を画像として保存したいことがあるでしょう。ここでは Windows に標準で用意されている 2 種類の方法を紹介します。目的に応じて使い分けることで、画像の作成がはかどるはずです。

(1) Prt Scr／Alt＋Prt Scr

Prt Scr を押すと画面全体のコピー（スクリーンショット）が撮れるので、ペイントツールに貼り付けて画像を保存できます。アクティブなウィンドウ画面だけを画像にしたいときは Alt ＋ Prt Scr です。この方法は多くの人がよく利用していると思います。

(2) Snipping Tool

Snipping Tool は Windows Vista 以降に標準で付属しているアプリです。 Prt Scr を使う方法との大きな違いとして、次の機能を利用することができます。

- 自由形式の領域切り取り　→　マウスドラッグで切り取り
- 四角形の領域切り取り　→　マウスドラッグで切り取り
- 切り取り領域の遅延作成　→　指定した秒数後に切り取る機能

使い方は、アプリを起動して画面をドラッグまたは、クリックするだけです。 Prt Scr はお手軽ですが、画面の一部を切り取りたいときは Snipping Tool のほうが高速です。ぜひお試しください。

Snipping Tool でパソコンの画面を撮る

⊞ + R で「ファイル名を指定して実行」を表示

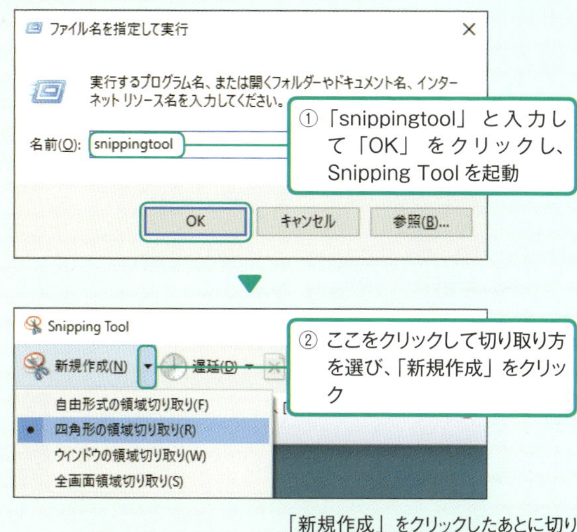

「新規作成」をクリックしたあとに切り取り方を変更することも可能

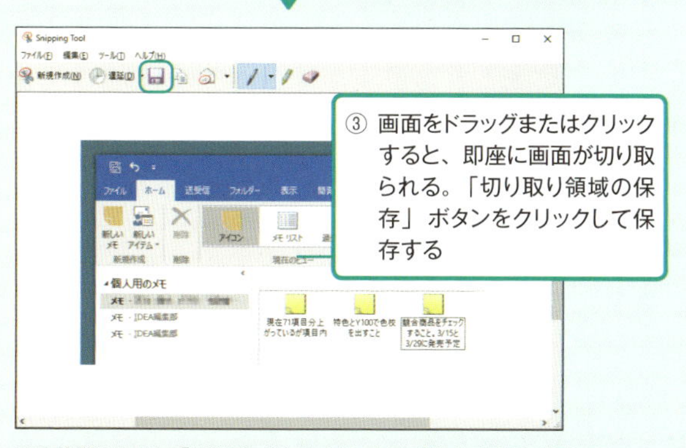

この状態からまた「新規作成」をクリックして続けて画面が撮れる。なお、切り取りを途中で中断するには Esc を押せばよい

14 パソコンを一瞬でロックする

「席を離れるときはパソコンをロックする」のが鉄則

デスクワークが中心の人でも、トイレ休憩やお昼休憩、ミーティングなど、席を離れる機会は多々あると思います。

みなさんは離席するとき、パソコンをどのような状態にしていますか？　**「数分だから大丈夫」と思って、作業中の画面を開きっぱなしにして席を離れたりしていないでしょうか。**このようなことは絶対にしてはいけません。「社内だから安心」と思っていては大間違いです。パソコンの中には、個人情報や会社の機密情報（売上情報や在庫情報、企画書、提案書、顧客情報など）が保存されています。社内であれば悪意を持った人はいないと思いますが、偶然通りがかった人が作業中の画面を見て、重要な情報が漏れる可能性もあります。

ぜひ、社内であっても「**席を離れる際はパソコンを必ずロックする**」という習慣を身につけてください。操作はとてもかんたんです。**⊞+L**を押すだけです。これで一瞬にして画面にロックがかかります。ロックを解除するにはパスワードを入力する必要があるので、他人に画面を見られる心配はなくなります。

なお、他人にパソコンを操作されないようにするには、「パソコンをスリープさせる」といった方法もありますが、席を離れるたびにいちいちスリープの操作を行うのはあまりに面倒です。

⊞+Lなら、情報漏えいの防止と、高い作業効率の両立ができます。ぜひ活用してください。

02分短縮

⊞+Lでパソコンをロックする

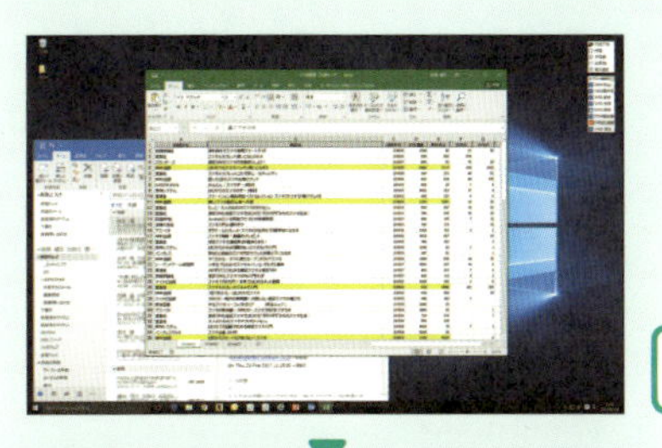

① ⊞+Lを押す

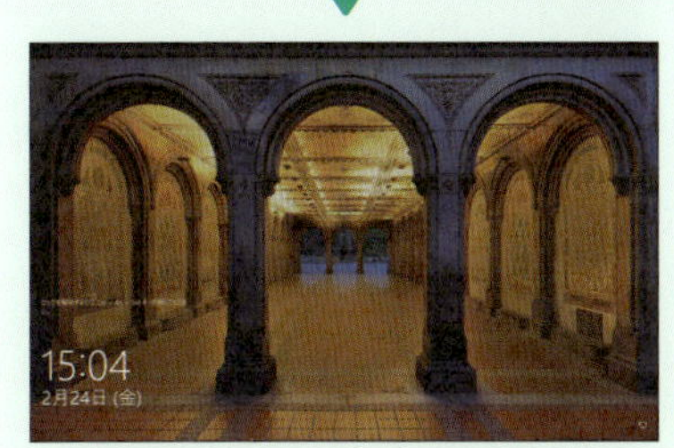

② パソコンが一瞬でロックされる

パソコンのロックは、とても単純な操作だが、非常に重要。
ぜひとも習慣化してほしい作業のひとつ

(参考) パソコンのスリープ

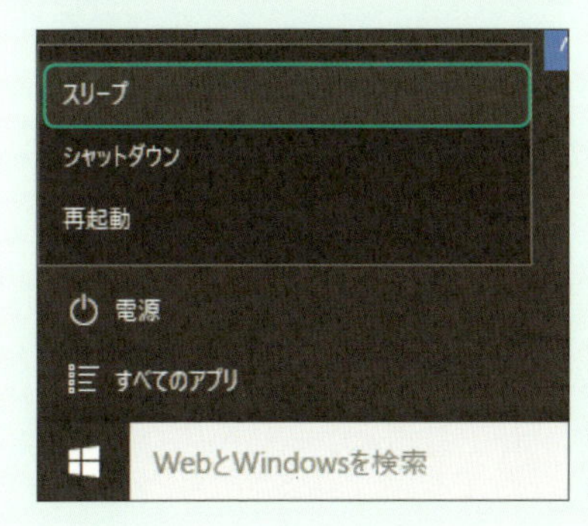

⊞を押して、「電源」→「スリープ」を選択する。これもロックと同じ効果がある

15 キーボードとマウスはそのまま使わない

快適に作業するにはチューニングが必須

これからパソコン作業の高速化を行っていくにあたり、みなさんに必ず行ってほしい設定があります。それはキーボードとマウスの設定です。

実は、**Windowsの標準の設定では、キーボードとマウスの速度はリミッターがかかっている状態です。**どちらも高速にチューニングすることで、パソコン作業が格段にしやすくなります。

（1）キーボードの高速化

「コントロールパネル」で「キーボード」をクリックしてキーボードのプロパティを開き、**「速度」タブにある「表示までの待ち時間」と「表示の間隔」のスライダーを両方とも右端にドラッグ**します。どちらも、キーを押したままにしたときの連続入力の速さにかかわる設定です。これで↑↓←→を押し続けたときのカーソルの動作が激速になります。ブラウザのスクロールでも大きな差が出ます。

（2）マウスの高速化

「コントロールパネル」で「マウス」をクリックしてマウスのプロパティを開いたら、**「ポインターオプション」タブにある「速度」という項目のスライダーを右方向へドラッグ**します。これで、少しの動きでポインターがより遠くまで移動するようになり、マウスの使い勝手が大きく変化します。最初は動きが速すぎると感じるかもしれませんが、すぐに慣れると思います。しばらく使ってみてから、自分が快適に感じる速度に調整するとよいでしょう。

キーボードとマウスの設定を変更する

キーボードの高速化

Windows 10の場合、スタートメニューで「Windowsシステムツール」→「コントロールパネル」を選択してコントロールパネルを表示

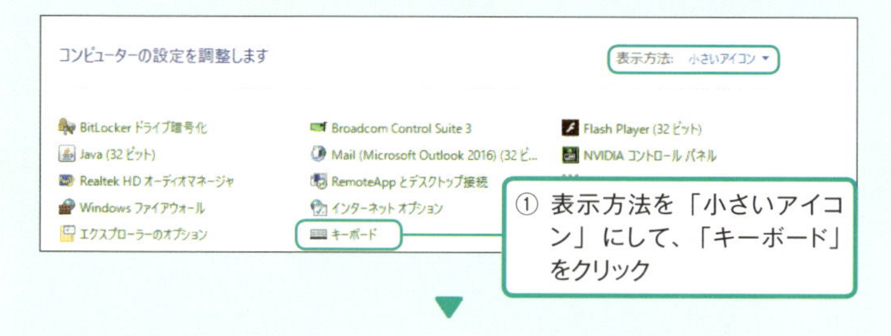

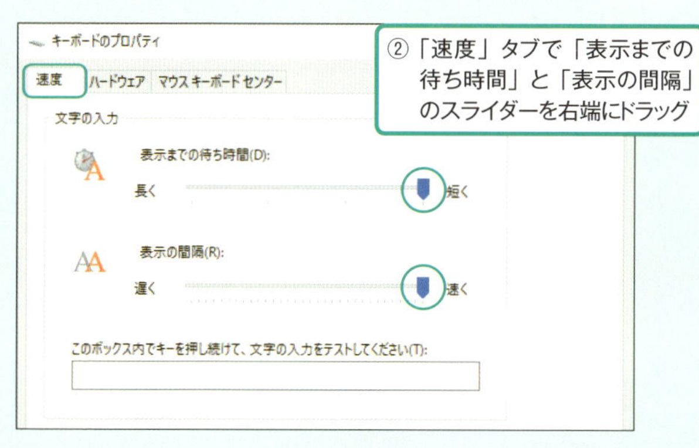

マウスの高速化

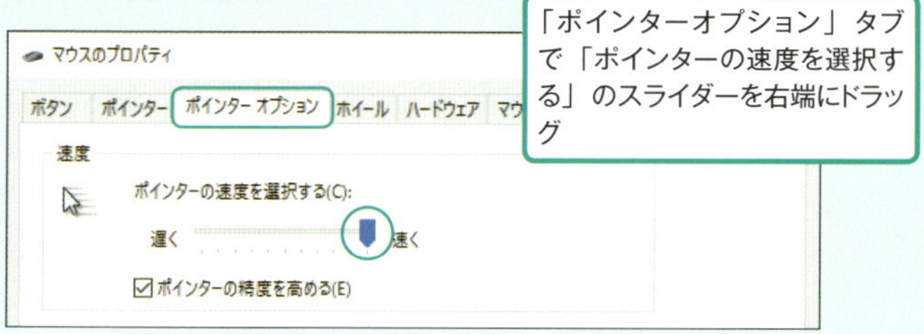

2章

文字入力が
驚くほど速くなる

文字入力が速くなれば、その分仕事もスピードアップします。メールや日報、資料の作成まで、文字を入力する機会は非常に多いので、文字入力が速いにこしたことはありませんよね。

そこで、本章では文字入力を速くするために劇的に効果のあるワザを紹介していきます。

といっても、タッチタイピングを覚えようという話ではありません。タッチタイピングはぜひ覚えたいスキルですが、習得にはそれなりに時間がかかり、一朝一夕で身につくものではありません。

ここで紹介するのは、変換ミスをすばやく修正する方法、カーソルを文書の中で自在に動かす方法、特殊な文字の入力方法などです。タッチタイピングができる人も、できない人も役に立つ、即効性のあるワザばかりです。

16 文字の変換を快速にする方法

2種類の方法をどちらも知っておくと便利

日本語の文章は、ひらがな、カタカナ、漢字、アルファベット、記号が混在していて、半角・全角の使い分けもあります。そのため、パソコンで文章の入力を速くするには、**どれだけ効率よく変換をするか**が一番のポイントとなります。

Microsoft IMEなどの日本語入力システムは[Space]を押すだけでほとんど正しく変換をしてくれますが、絶対ではありません。カタカナや半角の英数字を入力したいときには、一発で確実に変換できる方法を使うとストレスなく文章を作成できます。ここでは2種類の方法を紹介します。自分に合うほうを使ってみてください。

（1）ファンクションキーを使う

ファンクションキーの[F6]から[F10]は、それぞれひらがな、カタカナ、半角カタカナ、全角英数、半角英数の変換に割り当てられていて、入力中の文字を確定する前に押すと、カタカナや英数字に変換できます。

（2）[Ctrl]を使う

ファンクションキーを使う方法は覚えやすいのですが、タイピングの最中には少しキーが離れているため速度が落ちてしまいます。

そこで、文章をたくさん書く人におすすめしたいのが、**[Ctrl]+[U][I][O][P][T]を使った変換です。それぞれ[F6]から[F10]に対応しています。**[U][I][O][P]は一個所にまとまっているのですぐに覚えられるはず。文章の入力も確実に速くなります。

04分短縮

カタカナや英数字を一発で変換する

ひらがなに変換

F6／Ctrl＋U

そふとばんく ▶ そふとばんく

カタカナに変換

F7／Ctrl＋I

そふとばんく ▶ ソフトバンク

半角カタカナに変換

F8／Ctrl＋O

そふとばんく ▶ ｿﾌﾄﾊﾞﾝｸ

全角英数に変換

F9／Ctrl＋P

そふとばんく ▶ ｓｏｈｕｔｏｂａｎｋｕ

半角英数に変換

F10／Ctrl＋T

そふとばんく ▶ sohutobanku

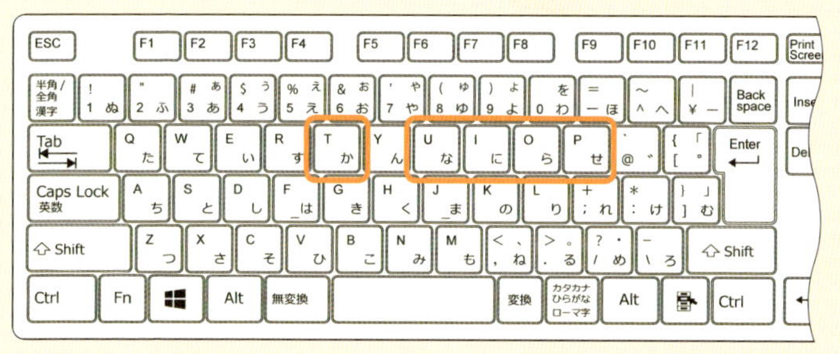

U I O Pはまとまっていて、覚えやすい。Tは離れているが、Ctrl＋Tは Ctrl＋P→Ctrl＋Oで代用可能

17 キーを連打しないでカーソルを移動する

カーソルの移動と入力変換の超速ワザ

ここでは文章作成時に役に立つショートカットをまとめて紹介します。ポイントは、カーソルを思った場所に自在に動かせるようになること、校正作業の手間を減らすことです。校正作業については技55も参照してください。

(1) Home で行頭へ、End で行末へ移動

Home を押すとカーソルが行の先頭に、End を押すとカーソルが行の末尾に移動します。行の先頭へ移動して改行したり、行の末尾へ移動して文章を追加したり、このふたつのキーは本当によく使います。文章入力中はマウスクリックよりも圧倒的に高速です。

(2) Ctrl + Home で文章の最上部へ、Ctrl + End で文章の最下部へ移動

このショートカットキーは、とくに何ページにもわたる長い文章を扱うときに有効です。なお、Word の場合はスクロールバーを右クリックして表示されるメニューから文章の最上部、最下部へ移動することもできます。

(3) 入力ミスは 変換 でやり直す

文章の変換ミスを見つけたときは、いちいち削除して書き直す必要はありません。キーボード下部の、Space の隣にある**変換 を押すと、カーソルの位置にある語句を再変換できます。**これは確定後の文章であってもいつでも行うことができるので、変換ミスを修正する際に大変便利です。

05分短縮

文章作成時に役立つショートカットキー

カーソルの移動

Ctrl + Home でここへ移動

この例は文章が短いが、何ページもある場合でも Ctrl + Home と Ctrl + End で文章の先頭、末尾へ一気にジャンプできる

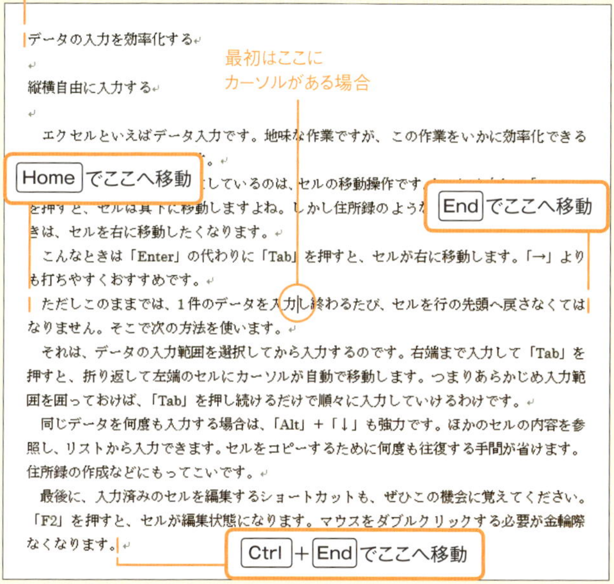

データの入力を効率化する

縦横自由に入力する

最初はここにカーソルがある場合

エクセルといえばデータ入力です。地味な作業ですが、この作業をいかに効率化できる

Home でここへ移動

End でここへ移動

きは、セルを右に移動したくなります。

こんなときは「Enter」の代わりに「Tab」を押すと、セルが右に移動します。「→」よりも打ちやすくおすすめです。

ただしこのままでは、1件のデータを入力し終わるたび、セルを行の先頭へ戻さなくてはなりません。そこで次の方法を使います。

それは、データの入力範囲を選択してから入力するのです。右端まで入力して「Tab」を押すと、折り返して左端のセルにカーソルが自動で移動します。つまりあらかじめ入力範囲を囲っておけば、「Tab」を押し続けるだけで順々に入力していけるわけです。

同じデータを何度も入力する場合は、「Alt」+「↓」も強力です。ほかのセルの内容を参照し、リストから入力できます。セルをコピーするために何度も往復する手間が省けます。住所録の作成などにもってこいです。

最後に、入力済みのセルを編集するショートカットも、ぜひこの機会に覚えてください。「F2」を押すと、セルが編集状態になります。マウスをダブルクリックする必要が金輪際なくなります。

Ctrl + End でここへ移動

語句の再変換

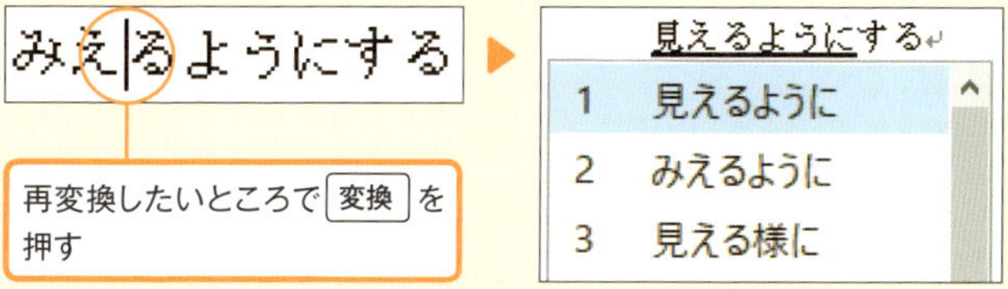

みえるようにする

再変換したいところで 変換 を押す

見えるようにする

1 見えるように

2 みえるように

3 見える様に

自分が書いた文章だけでなく、ウェブページをコピーした文章でも、何でも再変換できる。読めない漢字を再変換して「よみ」を調べるという裏ワザもある

18 ©、㎡、Σなどを かんたんに入力する

あらゆる記号を入力できる変換のワザ

™や®、©といった特殊記号や、㎡や£といった単位、①や②といった囲み文字、Σや∫といった数式文字などは、入力方法を知らない人にとっては、文字を入力するだけで一苦労です。そこで、こういった特殊記号や文字をすばやく入力する方法を紹介します。

（1）記号や文字の「よみ」を使う

入力したい記号や文字の読み方を知っている場合はかんたんです。その**「よみ」を入力して変換**すれば、変換候補に目的の記号や文字が表示されます。たとえば「とれーどまーく」と入力して変換すれば「™」を入力できます。同様に、「しぐま」と入力して変換すれば「Σ」を入力できます。

（2）用途を表す言葉を使う

記号や文字の読み方がわからない場合は、**用途を表す言葉を入力して変換**します。たとえば「たんい」や「きごう」などです。「たんい」と入力して変換すると、変換候補に「㎡」なども表示されます。

なお、この方法で目的の記号や文字を探す際は、**変換候補が表示されている状態で Tab を押します。**すると、変換候補のウィンドウが広がり、一度に90個の候補を確認できるようになります。

（3）IMEパッドで探す

上記のいずれの方法でも目的の記号や文字を入力できない場合は、日本語入力が可能な状態で **Ctrl ＋ 変換 を押してIMEパッドを開き、「文字一覧」から探します。**これであらゆる文字を入力できます。

03分短縮

「用途を表す言葉」を変換する

きごう
E
記号
記号の
記号を

① 「きごう」や「たんい」などの用途を表す言葉を入力して変換

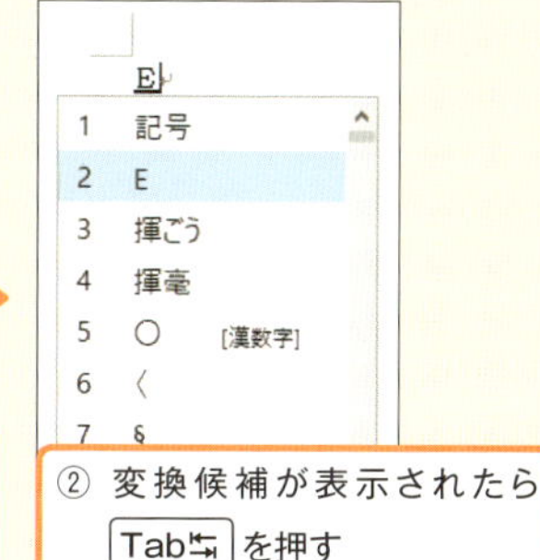

② 変換候補が表示されたら Tab を押す

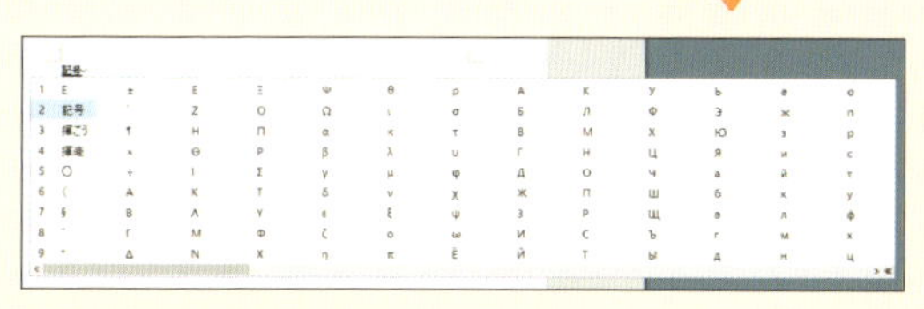

変換候補の右側に「環境依存」と書かれている文字は、閲覧する環境によっては正しく表示できない可能性がある。そのため、メールや重要書類などでの使用は避けること

③ 変換候補のウィンドウが広がって選択しやすくなる

IME パッドから文字を入力

日本語入力が可能な状態で Ctrl + 変換 を押してメニューを表示後、P を押して IME パッドを開く

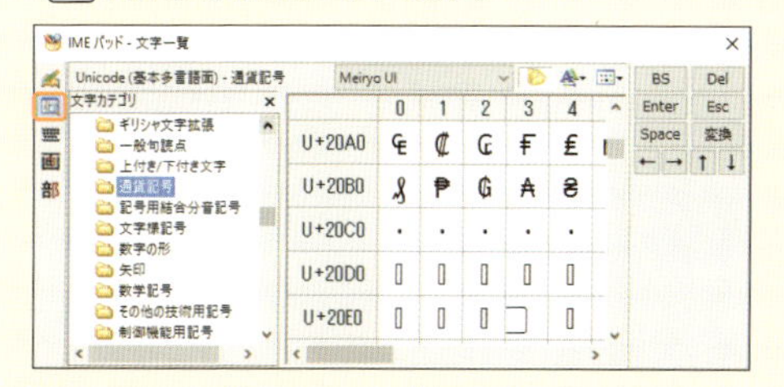

左のアイコンで「文字一覧」を選択し、「文字カテゴリ」から目的のカテゴリを選択。表示された文字から目的のものをクリックすると入力される

19 タイピングを減らして文章を効率よく書く

書く仕事を速くするための最重要ワザ

パソコン仕事を速くするワザの中でも、その効果の大きさでトップ3に加えてよいのが、ここで紹介する**単語登録の活用**です。メールや書類で毎日何度も入力する言葉は、必ずIMEに単語登録をして、次のようにかんたんな「よみ」で一瞬で入力できるようにします。

「た」　→　「田中拓也」
「s」　→　「SBクリエイティブ」
「ど」　→　「どうぞよろしくお願いいたします」

単語登録の方法はかんたんです。日本語入力が可能な状態で**Ctrl＋変換→Oで「単語の登録」画面を呼び出し、あとは「単語」に登録したい語句を入力、さらに「よみ」を入力し、「登録」を押す**だけです。これで、そのパソコンのユーザー辞書に単語が登録されます。

単語登録のポイントは、「よみ」をできるだけ短くすることです。とくによく使う重要な言葉は、ひらがなやアルファベットの1文字で登録します。それ以外は2文字で登録します。

登録する内容はアイデア次第です。何度も使うあいさつ文、会社名、部署名、住所、メールアドレス、携帯電話番号などなど、登録すればするほど便利になります。上級者ともなると200～300の単語を登録しているといいます。みなさんもどんどん単語を登録して、書く仕事を激速にしていきましょう。

10分短縮

定型句やよく使う語句を単語登録する

単語登録

日本語入力が可能な状態で、Ctrl + 変換 → O の順に押して、「単語の登録」画面を表示

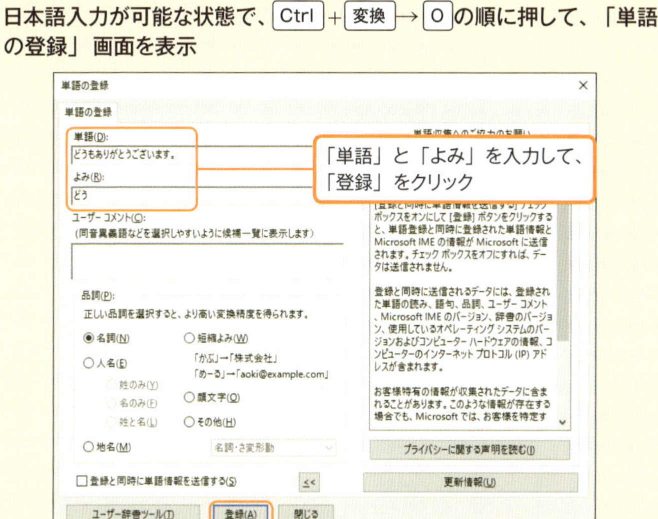

左下の「ユーザー辞書ツール」から単語の削除などが行える

単語登録の例

た	田中拓也
&	&IDEA 編集部
じゅ	東京都港区六本木 2-4-5
0	090-0000-0000
s	SB クリエイティブ
ゆう	〒106-0032
いつ	いつもお世話になっております。
どう	どうぞよろしくお願いいたします。
どう	どうもありがとうございます。

同じ「よみ」に複数の単語を登録する使い方もできる

20 読めない漢字も一瞬で入力する

IME パッドを使って見たまま入力するワザ

顧客名簿などで人名や地名などのデータを入力していて、たまに読み方のわからない漢字に出会うことがあると思います。とくに日常ではあまり見かけない旧字（傳、與など）や異体字（髙など）が出てくると、「**なんと入力すれば正しく変換されるかわからない…**」ということにもなりがちです。

そんなときにいちいち読み方を調べていては、いつまで経っても仕事が進みません。**読めない文字でもサッと入力する方法**を身につけておきましょう。

やり方はかんたんです。日本語入力が可能な状態で、**文字を入力したい位置にカーソルを置いて、Ctrl＋変換を押してからPを押します。**これで IME パッドが起動するので、**「手書き」に切り替えて、画面の空白部分にマウスでドラッグして文字を書いていきます**。読めない文字も見たまま書いていくと、一筆書くたびに候補が表示されていきます。そして、**候補の中に見つかったところでクリック**すれば、文字が入力できます。

もし目的の異体字が候補の中に見当たらないときは、**表示されている候補を右クリックして、「異体字の挿入」から探すことができます。**

なお、旧字・異体字の一部には「環境依存文字」というものがあり、それらはほかのパソコンで表示すると文字化けを起こすことがあります。電子メールなどでは受け取った相手が読めない場合がありますので、外部とのやりとりには使わないようにしましょう。

04分短縮

IME パッドで手書きで入力する

文字を入力したい位置にカーソルを置いて、Ctrl＋変換→Pを押し、IME パッドを起動

Ctrl＋F10でもメニューが開ける

①「手書き」に切り替えてから、マウスで文字を書く

②候補の中に目的の文字が見つかったらクリック

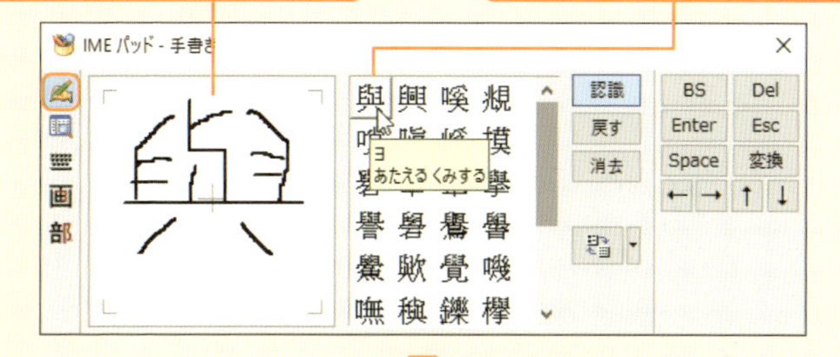

③カーソルの位置に入力される

異体字の挿入

候補の文字を右クリックして、「異体字の挿入」を選択

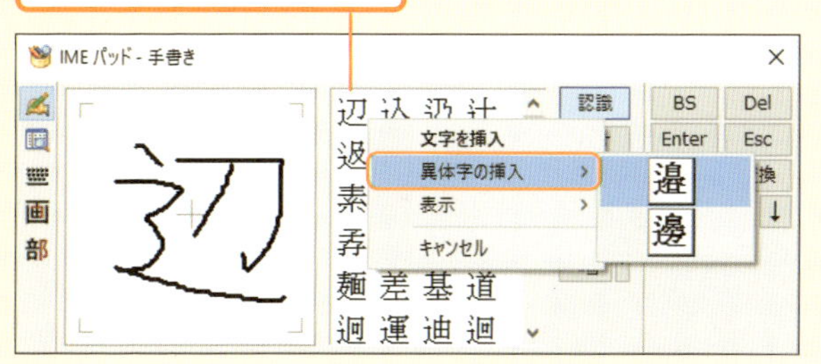

候補の中に異体字が見当たらないときや、手書きが面倒なときに便利

3章

情報収集スキルが飛躍的に高まる

「仕事が速い人ほど、情報収集が得意」

これはみなさんも実感されているかと思います。そして、ウェブは重要な情報源です。

実はウェブに関しては、情報収集の達人たちが行っている方法のかなりの部分が真似できます。本章ではそのためのワザをたくさんお伝えしていきます。

ウェブの情報は玉石混交ですが、キーワードの入力方法を見直したり、不要なノイズを除外したりすることで、情報収集の効率は格段に上がります。

また、ブラウザのタブ機能を徹底的に活用し、いくつものウェブ記事を並行して読み進めることで、ひとつのテーマを効率的に掘り下げていくことができます。

さらにはブラウザの速読術をマスターすれば、たくさんのウェブ記事を今よりもすばやく読めるようになります。

本章を通じて、毎日のウェブの情報収集で役立つ武器を身につけてください。

21 ウェブ検索をより速く行う方法

知りたいことはその場ですぐに検索

多くの人が一日に何度もブラウザを起動して、ウェブ検索を行っていると思います。筆者も多い日には300回以上、何らかのキーワードを入力して検索しています。

このように**一日に何度も何度も実行する作業は、できるかぎり改善することをおすすめします。**ウェブ検索については、ここで紹介する方法を活用するだけで、1回あたりの操作時間を約3秒、改善できます。「1回3秒」と聞くと「なんだ、たいしたことないな」と感じるかもしれませんが、塵も積もれば山となる、です。筆者の場合は一日300回検索しているので、日に900秒（15分）も時間を節約できます。15分あれば、ほかの作業のひとつやふたつ行えます。

最近では、多くの人がブラウザのアドレスバーをクリックして選択し、検索キーワードを入力していると思いますが、この方法は非常に効率が悪いです。

ウェブ検索を行う際は、Alt＋Dを押します。すると、既存のURLが全選択された状態でアドレスバーにカーソルが移動します。あとは検索キーワードを入力してEnterを押すだけで、目的の検索を実行できます。

なお、この操作は、技12の⊞＋数字キーでアプリを切り替え・起動する方法（p.38）と相性抜群です。これらのワザを組み合わせれば、**一度もマウスに触れることなくウェブ検索を驚くほどすばやく実行できるようになります。**

03分短縮

マウスを使わずにウェブ検索を実行する

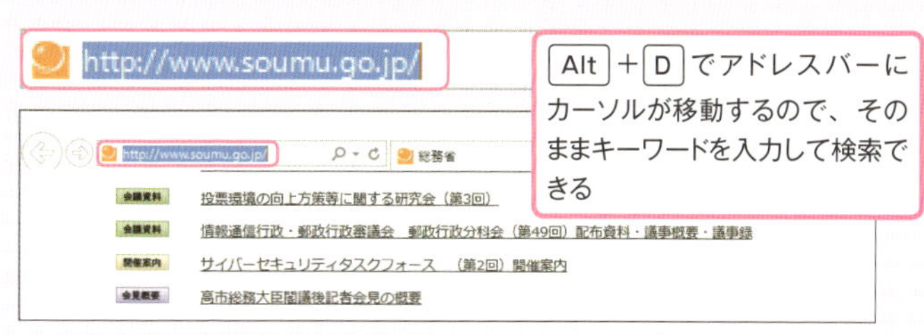

Alt + D でアドレスバーにカーソルが移動するので、そのままキーワードを入力して検索できる

Ctrl + E でも同様に検索できるが、誤って Ctrl + W を押すとタブが閉じてしまうので、ウェブ検索時には Alt + D がおすすめ

その他の便利な検索方法

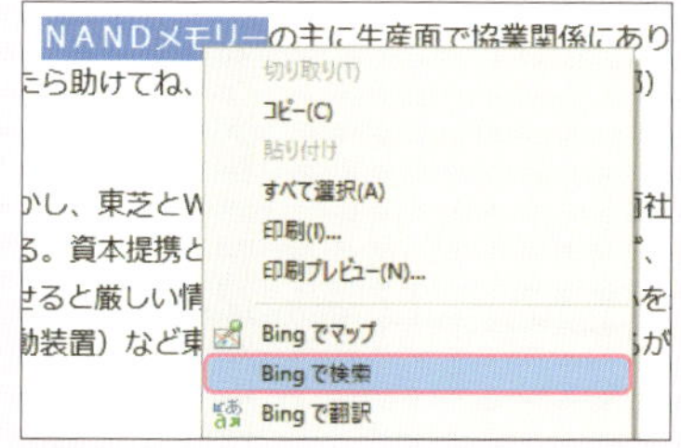

ウェブページ内の語句を選択して右クリック→「Bing で検索」を選択すると検索を実行できる。
使用環境によっては「Google で検索」などの場合もある

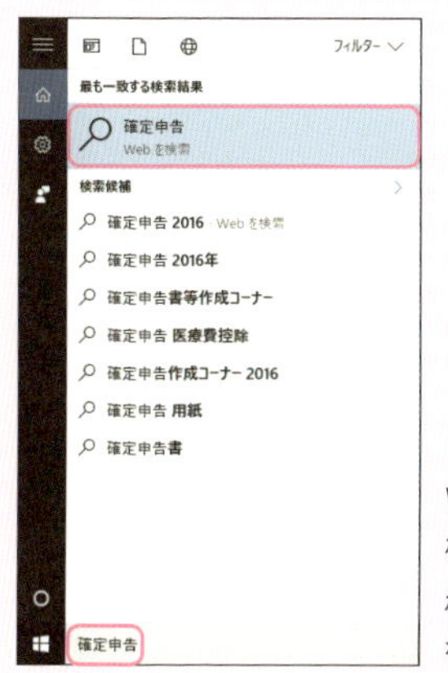

Windows 10 では、⊞ を押すとスタートボタン右の検索窓にカーソルが移動する。
検索キーワードを入力し、↑ ↓ で「Web を検索」を選択すると検索が実行できる

22 ウェブページを速読するには

情報収集が何倍も速くなるショートカットキー

ウェブページを閲覧する際に便利なショートカットキーを紹介します。マウス操作に慣れている人も多いと思いますが、ショートカットキーに慣れると断然こちらのほうが高速です

(1) Space でスクロール

ウェブ記事の多くは縦長なので、長めの記事を読む際は、画面を何度もスクロールすることになります。多くの人はマウスホイールで画面をスクロールしていると思いますが、筆者のおすすめは Space です。ブラウザを開いて **Space を押すと１ページ分、画面が下方向へスクロール**します。**上方向へスクロールしたい場合は Shift + Space** を押します。

(2) Alt + ← で戻る、Alt + → で進む

新しいページに移動したあとで、**元のページに戻りたい場合は Alt + ←**を押します。また、いったん戻ったあとに**再度進みたい場合は Alt + →**を押します。ブラウザにある「戻る」ボタンや「進む」ボタンをマウスでクリックするよりも何倍もすばやく操作できるので、ぜひ使いこなすことをおすすめします。

(3) Ctrl + F で目的の語句を探す

特定の情報を探している際は、ページの先頭から１行ずつ読み進める必要はありません。**Ctrl + F を押して検索**し、目的の語句が記載されているところまで移動します。ページ全体を読むのではなく、必要な個所のみをピンポイントで読むことも大切です。

ウェブページを読むスピードを上げる

ページのスクロール

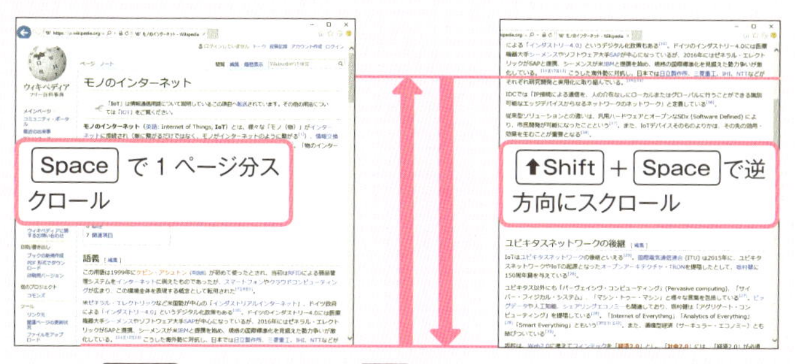

ほかにも、Home でページの先頭へ、End でページの最下部へ移動できる

ページを戻る・ページを進む

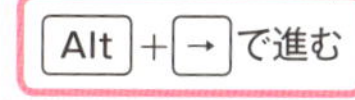

目的の情報が記載された個所を探す

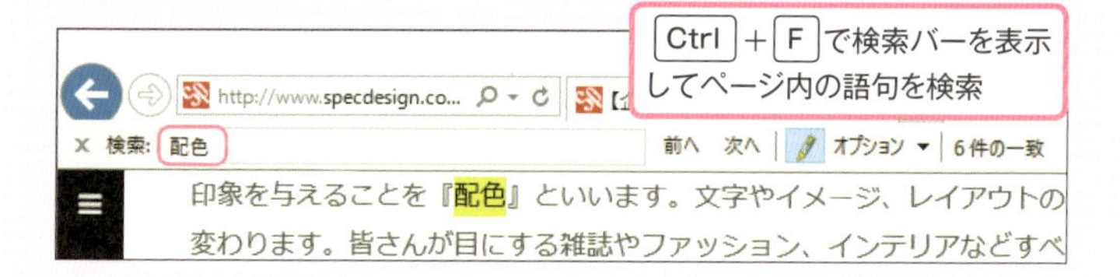

23 ウェブページを多読するには

情報収集力を何倍にも高めるタブの活用ワザ

新しい情報や知識を収集・習得するときの有効な方法のひとつに、「**同じテーマで書かれたウェブ記事をたくさん読む**」というものがあります（多読）。いろいろな人が書いた複数の関連記事をたくさん読むと、全体像を把握できるだけでなく、さまざまな側面から対象のテーマに関する情報を入手することができ、よりいっそう理解を深めることが可能になります。

無数に存在するウェブ記事をより速く、より多く読むためには、**ブラウザのタブ機能を徹底活用**します。複数の記事を毎回行ったり来たりしていては時間がいくらあっても足りません。**タブを使って、複数の記事を併読できる状態にするのがポイントです**。タブを使いこなせるようになれば、みなさんの情報収集力は、それ以前と比べて何倍も向上します。

多読をするときは、検索エンジンの検索結果から記事リンクを開く際や、記事中にある別記事へのリンクを開く際に、必ず**Ctrlを押しながらリンクをクリックします。**すると、リンク先の記事が新しいタブに開かれるので、検索結果や元の記事を残したまま、興味のある記事を片っ端から開いていくことができます。

タブをたくさん開いたあとは、**Ctrl＋Tabでタブを切り替え**ながら、どんどん読み進めていきます。すべて読み終えたら、Ctrl＋Wでタブをサクサク閉じてしまいましょう。マウスを使うよりも圧倒的に速いので、この方法はぜひマスターしてください。

ブラウザのタブを徹底的に使いこなす

Ctrl + ⬆Shift + Tab で逆方向にタブを切り替えることもできる

Ctrl + Tab を押すとタブを切り替えられる

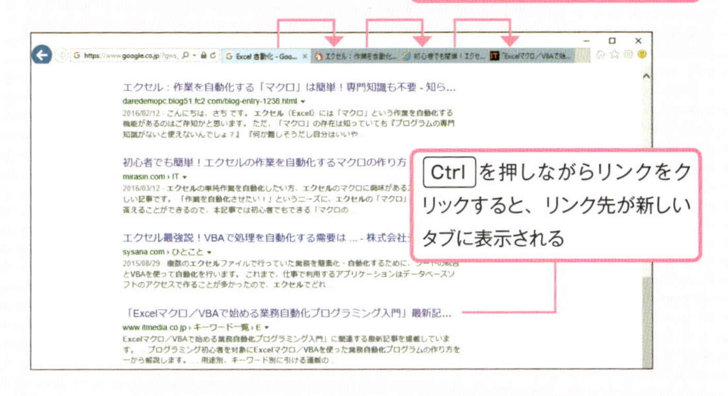

Ctrl を押しながらリンクをクリックすると、リンク先が新しいタブに表示される

気になる記事を先に片っ端から開いておくとよい

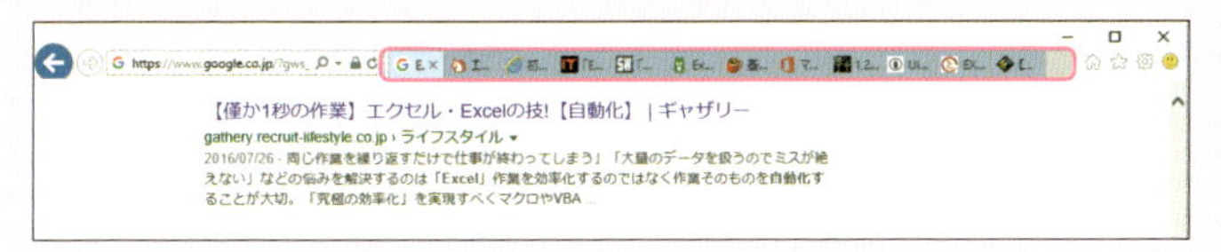

ほかにも Ctrl + T を押すと、新しいタブを開くことができる。
先に新しいタブを開いていてから目的のページを検索するのも効果的

時間がないときに有効な速読法

時間に余裕があるときは、できるだけたくさんの記事を読むことをおすすめしますが、時間がないときにより多くの情報を収集する必要がある場合は、以下の速読法を試してみてください。

（1）まずは見出しを読む
（2）図や表がある場合は、先に図・表を読む
（3）文頭・文末に「まとめ」がある場合は、先にまとめを読む
（4）本文中の太字や赤字を中心に流し読みをする

24 画面の表示倍率は自分好みに変更する

マウスホイールの真の力を引き出す必修ワザ

ウェブページで情報収集をするときに、最初にブラウザに表示された文字サイズ（表示倍率）のまま画面を見ている人は多いと思います。しかし、ウェブページの多くは、見た目と情報量のバランスから、あまり大きな文字サイズには設定されていません。快適に読める文字サイズは人それぞれですが、**少し大きめに変更したほうが疲れにくく、効率よく読めるようになる**場合が多いでしょう。そこで、ここではブラウザの文字サイズを一瞬で変更する方法を紹介します。

そのときに利用するのが**マウスホイール**です。マウスホイールをウェブページのスクロールに使っている人は多いと思いますが、実はマウスホイールは**画面の表示倍率の変更**にも使うことができます。やり方はかんたんで、**Ctrlを押しながらマウスホイールを回すだけ。これで自由自在に表示倍率を変更できます。**

なお、Ctrl+＋／Ctrl+－でもブラウザ画面の表示倍率変更が行えます。また、**Ctrl+0（数字のゼロ）を押すと、倍率100%に戻ります。**ノートパソコンでマウスホイールと同様の機能を行う方法は機種によって異なりますが、この方法を知っていればどのパソコンでもかんたんに表示倍率を変更できます。

このマウスホイールを使った表示倍率変更のワザは、Excel、Word、PowerPointでも利用できます。とくに**図の細部をぴったり合わせるようなときには、倍率を拡大して作業できると非常に便利です。**きっとすぐに手放せなくなるはずです。

画面の表示倍率を変更する

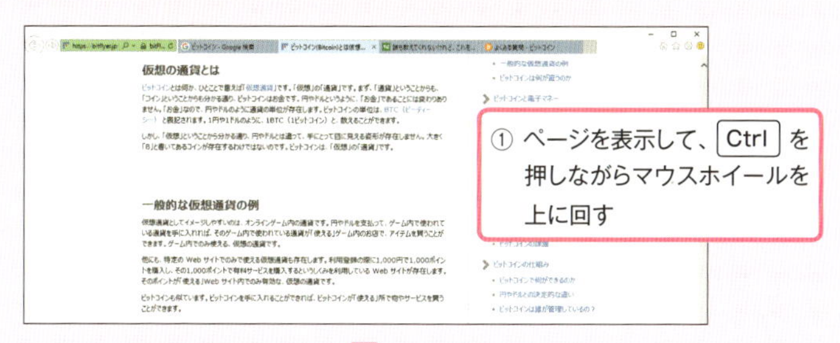

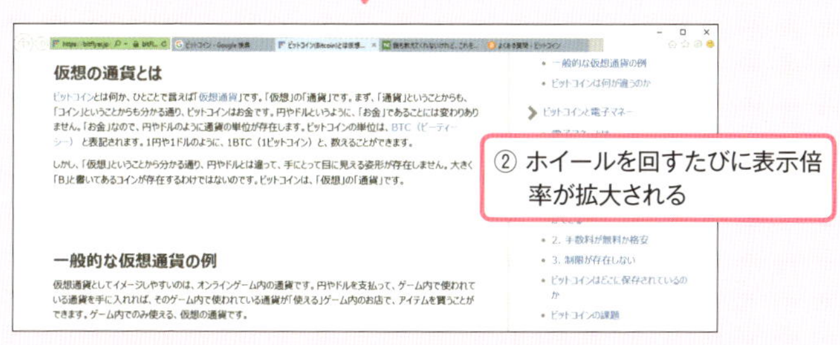

マウスホイールを逆向き（下）に回せば表示倍率が縮小する。
また、Ctrl ＋ 0（文字キーの最上段にあるゼロ）で倍率 100%に戻る

Office ソフトも Ctrl ＋マウスホイールで倍率変更が可能

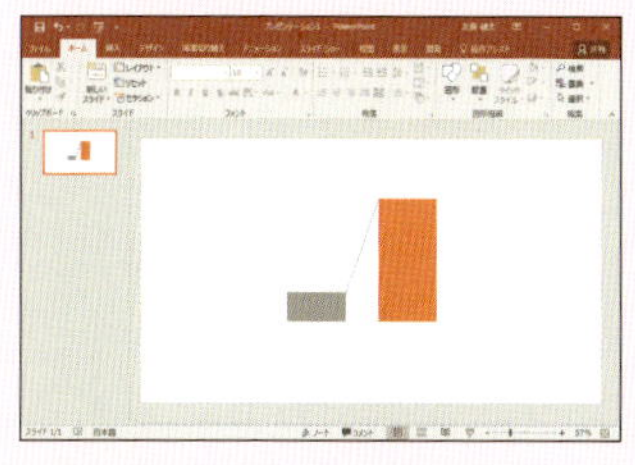

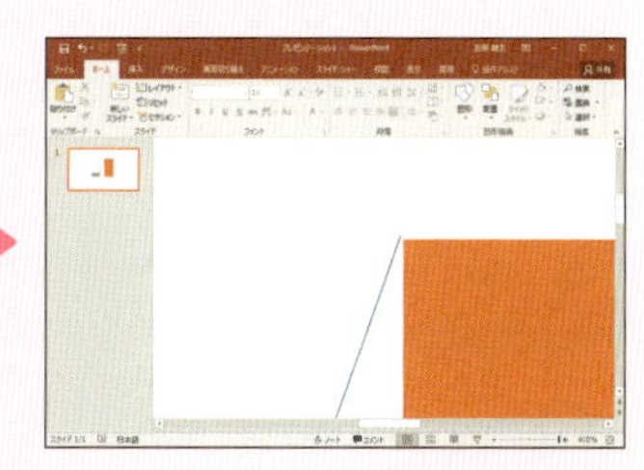

図の細部を作り込みたいときは拡大、全体のバランスを見たいときは縮小、といった具合に表示倍率を変更しながら作業するとよい

25 検索がうまくいかないときの対処法

検索精度を劇的に高める 3 つの必修ワザ

普段、検索してもなかなかほしい情報が見つからずに困っている人はいないでしょうか？　インターネット上の情報は玉石混交で、そこから「**必要な情報をすばやく見つけ出すスキル**」は、いまや重要なビジネススキルのひとつとなっています。

そこで、ここでは検索スキルを劇的に高めることができる 3 つの検索ワザ、「**AND 検索**」「**マイナス検索**」「**フレーズ検索（完全一致検索）**」を紹介します。この 3 つのワザを使い分けることで、検索結果を思いどおりに絞り込み、必要な情報を効率よく見つけることが可能になります。

AND 検索とは、一度に複数のキーワードを入力して検索する方法です。たとえば「Excel 関数 使い方」のように**キーワードをスペースで区切って入力**すると、すべてのキーワードと合致する検索結果が表示されます。このワザは有名なので、知っている人も多いかもしれません。

マイナス検索とは、AND 検索とは逆に、検索結果から除外したいキーワードを指定する方法です。「Excel - 関数」のように、**除外したいキーワードの前に「-」（マイナス記号）を指定**します。

フレーズ検索（完全一致検索）とは、入力した文字列と完全に一致する文章を含むウェブページのみを表示する検索方法です。「"Excel のインストール方法 "」のように、**検索キーワードを「"」で囲みます。**

3つの検索方法を使い分ける

AND 検索

目的のキーワードをスペースで区切って複数指定する

Excel 関数 使い方

マイナス検索

検索結果から除外したいキーワードの前に「-」を指定する

Excel -関数

フレーズ検索（完全一致検索）

目的のキーワードを「"」で囲む

"Excelのインストール方法"

（これも使える!）OR 検索

目的のキーワードを「OR」を挟んで指定する

ガラケー OR フィーチャーフォン

指定したキーワードのいずれかが合致する内容が表示される。
OR 検索は、検索結果数が最も多くなる検索ワザで、同じ事柄を表す用語が複数あったり、「斉藤」「斎藤」のように別の漢字も結果に含めたい場合に便利

（これも使える!）「とは」検索

キーワードの最後に「とは」を指定する

ビットコインとは

用語の意味や定義などを確認したいときに便利な検索ワザ。検索上位に Wikipedia や辞書サイトなどが表示されることが多い

26 検索結果から ノイズを取り除く

ワンランク上のマイナス検索を使いこなそう

ここでは、技 25 で紹介したマイナス検索の**とても便利な応用テクニック**を紹介します。このテクニックを使いこなせるようになると、目的の情報をよりすばやく見つけることができます。

何らかの製品や商品、地名、レストランなどについて検索すると、多くの場合、「公式サイト」や「ニュースサイト」「まとめサイト」「レビューサイト」などが検索結果の上位を占めます。これは大手サイトが検索結果の上位に表示されるように工夫しているためです。

たとえば右ページの上図はマイクロソフト社のパソコン「Surface」を検索した結果ですが、最上部の広告もあわせて、上位７つまでが公式サイトやレビューサイト（価格 .com）、ニュースサイトで占められています。このような結果がほしいのであればなんの問題もないのですが、「実際に使用している人の体験記事」を探している場合は、これらの情報は不要です。

このようなときに有効なのが、**特定サイト除外検索**です。**マイナス検索の対象に「-site:」を記入し、それに続いて除外したいサイトのURL を入力します。**たとえば、検索結果から「価格 .com」のページを除外したい場合は、「-site:kakaku.com」と指定します。すると、右ページの下図のように、特定のサイトを検索結果から除外することができます。

あらかじめ除外したいサイトがある場合は、この方法はとても有効です。うまく使いこなして検索のスピードを上げていきましょう。

04分短縮

検索結果から特定のサイトを除外する

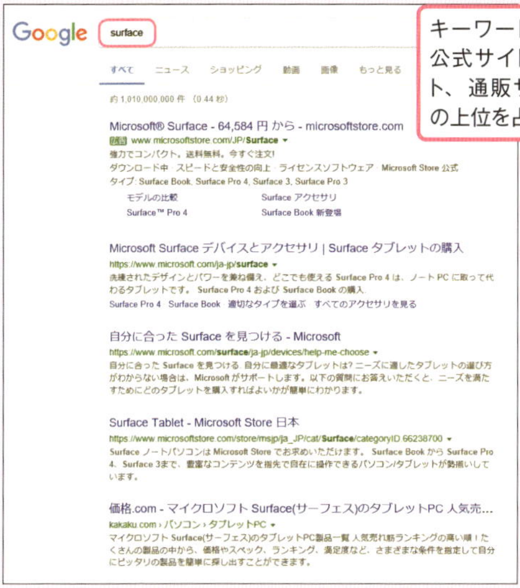

Google surface

すべて ニュース ショッピング 動画 画像 もっと見る

約 1,010,000,000 件 （0.44 秒）

Microsoft® Surface - 64,584 円 から - microsoftstore.com
広告 www.microsoftstore.com/JP/Surface
強力でコンパクト。送料無料。今すぐ注文!
ダウンロード中 · スピードと安全性の向上 · ライセンスソフトウェア · Microsoft Store 公式
タイプ: Surface Book, Surface Pro 4, Surface 3, Surface Pro 3
モデルの比較 Surface アクセサリ
Surface™ Pro 4 Surface Book 新登場

Microsoft Surface デバイスとアクセサリ | Surface タブレットの購入
https://www.microsoft.com/ja-jp/surface
洗練されたデザインとパワーを兼ね備え、どこでも使える Surface Pro 4 は、ノート PC に取って代わるタブレットです。Surface Pro 4 および Surface Book の購入.
Surface Pro 4 · Surface Book · 適切なタイプを選ぶ · すべてのアクセサリを見る

自分に合った Surface を見つける - Microsoft
https://www.microsoft.com/surface/ja-jp/devices/help-me-choose
自分に合った Surface を見つける. 自分に最適なタブレットは? ニーズに適したタブレットの選び方がわからない場合は、Microsoft がサポートします。以下の質問にお答えいただくと、ニーズを満たすためにどのタブレットを購入すればよいかが簡単にわかります。

Surface Tablet - Microsoft Store 日本
https://www.microsoftstore.com/store/msjp/ja_JP/cat/Surface/categoryID.66238700
Surface ノートパソコンは Microsoft Store でお求めいただけます。Surface Book から Surface Pro 4、Surface 3まで、豊富なコンテンツを指先で自在に操作できるパソコン/タブレットが勢揃いしています。

価格.com - マイクロソフト Surface(サーフェス)のタブレットPC 人気売...
kakaku.com › パソコン › タブレットPC
マイクロソフト Surface(サーフェス)のタブレットPC製品一覧 人気売れ筋ランキングの高い順！たくさんの製品の中から、価格やスペック、ランキング、満足度など、さまざまな条件を指定して自分にピッタリの製品を簡単に探し出すことができます。

キーワードのみで検索すると、公式サイトや大手レビューサイト、通販サイトなどが検索結果の上位を占めることが多い

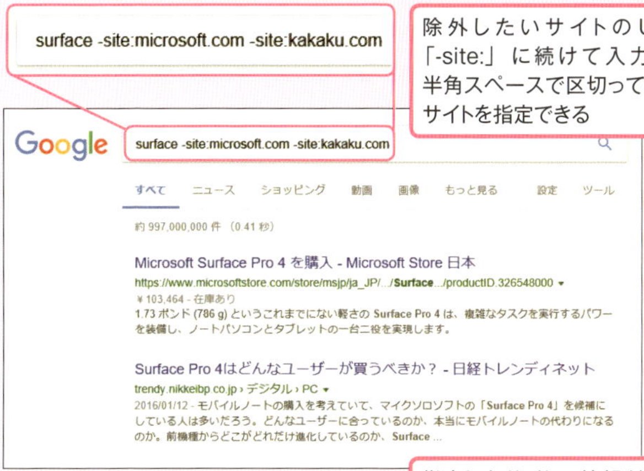

▼

surface -site:microsoft.com -site:kakaku.com

除外したいサイトのURLを「-site:」に続けて入力する。半角スペースで区切って複数のサイトを指定できる

Google surface -site:microsoft.com -site:kakaku.com

すべて ニュース ショッピング 動画 画像 もっと見る 設定 ツール

約 997,000,000 件 （0.41 秒）

Microsoft Surface Pro 4 を購入 - Microsoft Store 日本
https://www.microsoftstore.com/store/msjp/ja_JP/.../Surface.../productID.326548000
￥103,464 - 在庫あり
1.73 ポンド (786 g) というこれまでにない軽さの Surface Pro 4 は、複雑なタスクを実行するパワーを装備し、ノートパソコンとタブレットの一台二役を実現します。

Surface Pro 4はどんなユーザーが買うべきか？ - 日経トレンディネット
trendy.nikkeibp.co.jp › デジタル › PC
2016/01/12 - モバイルノートの購入を考えていて、マイクロソフトの「Surface Pro 4」を候補にしている人は多いだろう。どんなユーザーに合っているのか、本当にモバイルノートの代わりになるのか。前機種からどこがどれだけ進化しているのか、Surface ...

指定したサイトの情報が検索結果から除外される

27 誤って閉じたタブを復活させる

うっかりミスで閉じてしまったタブは復活できる

効率的に情報収集したり、あとで見直したいウェブページを残しておくうえで、ブラウザのタブ機能はとても便利です（p.64）。仕事が速い人ほど、タブを上手に活用しているといっても過言ではありません。「この人の情報収集スキルは本当にすごいなぁ」と思うような人は、常に複数のウェブページを、タブを使って開いて作業しています。

タブを利用しているときにやってしまいがちな**うっかりミス**のひとつに、「**必要なタブを誤って閉じてしまう**」というものがあります。タブはCtrl＋Wでかんたんに閉じることができるので、ショートカットキーの押し間違えでタブを閉じてしまうこともあるでしょう。筆者もたまにこのミスをやってしまいます。

でも、閉じてしまったタブを復活させる方法を覚えておけば安心です。**閉じたタブを復活させるには、Ctrl＋Shift＋Tを押します。**すると、直前に閉じたタブを開き直すことができます。Tは「タブ（Tab）のT」と思えば覚えやすいでしょう。

なお、このショートカットキーを連続して何度も押すことで、数個前に閉じたタブを開き直すことも可能です。

ただし、上記のショートカットキーはブラウザ自体を終了してしまうと利用できません。誤ってブラウザを終了してしまった場合は、**Ctrl＋Hを押して閲覧履歴を表示**し、履歴リストの中から目的のページを開き直します。

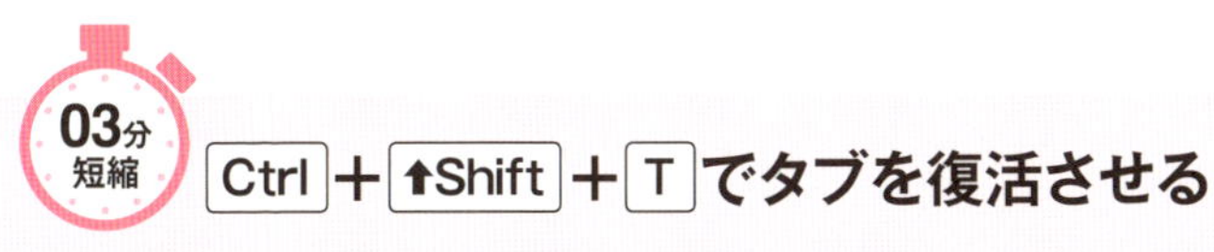

Ctrl + ⬆Shift + T でタブを復活させる

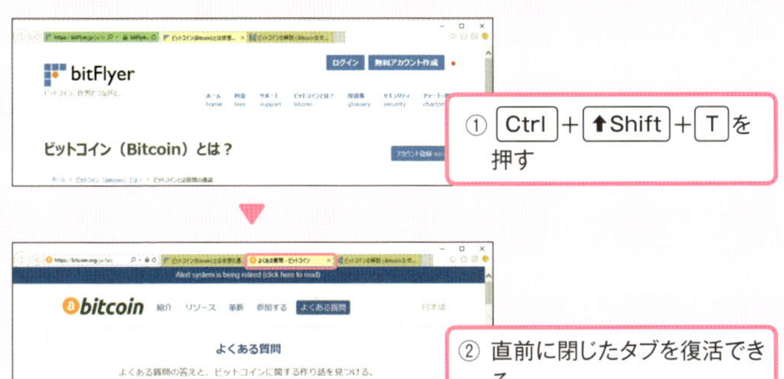

タブを復活させるもうひとつの方法

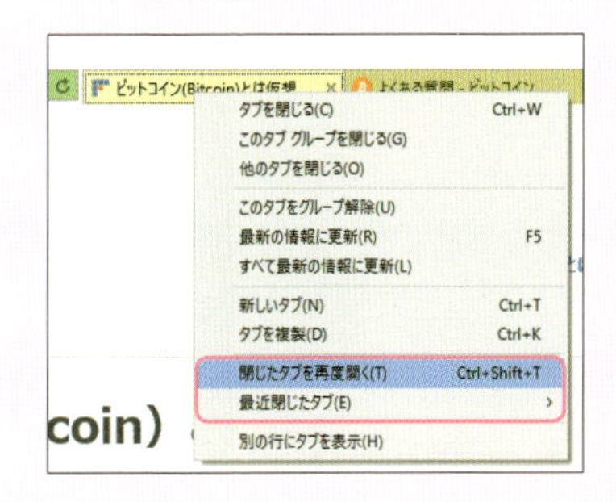

残っているタブ上で右クリックしてメニューを開き、「最近閉じたタブ」（IE）や「閉じたタブを開く」（Chrome）を選択することでも、閉じたタブを開き直すことができる

ブラウザを終了してしまった場合は閲覧履歴から復活させる

Ctrl + H を押してブラウザの閲覧履歴を表示する

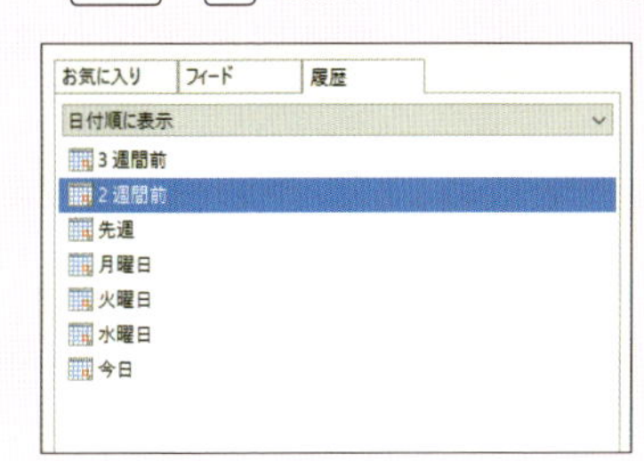

閲覧履歴画面でリンクをクリックすることでも、直前に閲覧していたページを復活できる

28 どんなフォームもラクに入力する

項目間の移動にはTabを使う

パソコンの仕事を速くするうえで、非常に重要なキーのひとつがTabです。**Tabは、アプリの操作において、マウスを使わずに項目間を移動する役割を担っています。**とくにキー入力をしながら次の項目へと進む場面では、Tabを使ってマウスを触らないようにすることで、作業時間を大幅に短縮できます。

たとえばウェブページのフォームに入力する場合。新しいサービスにアカウント登録するときや、オンラインショッピングをするときなどでは、いくつもの入力項目を埋めていかなくてはなりません。

そんなときに、**項目への入力が終わるたびTabで次の項目へ移動**していけば、フォームの入力はサクサク進みます。**前の項目に戻りたいときはShift+Tabを押します。**これでマウスに一切触れることなくすべての項目を自在に行き来できるのです。

フォームには、セレクトボックスやラジオボタン、チェックボックスなどがありますが、これらもすべてキーボードから操作可能です。**セレクトボックスは↑↓で選択し、ラジオボタンやチェックボックスにチェックを入れたいときはSpaceを押します**（もう一度押せばチェックが外れます）。

「送信」や「投稿」などのボタンにTabで移動してEnterを押せば内容がサーバーへ送信され、入力操作はすべて完了です。

ほかにもメールで宛先と件名を書くときなど、ふたつ以上の入力欄を移動するときにはTabが最速です。ぜひ活用してください。

03分 短縮

Tab で項目間を移動する

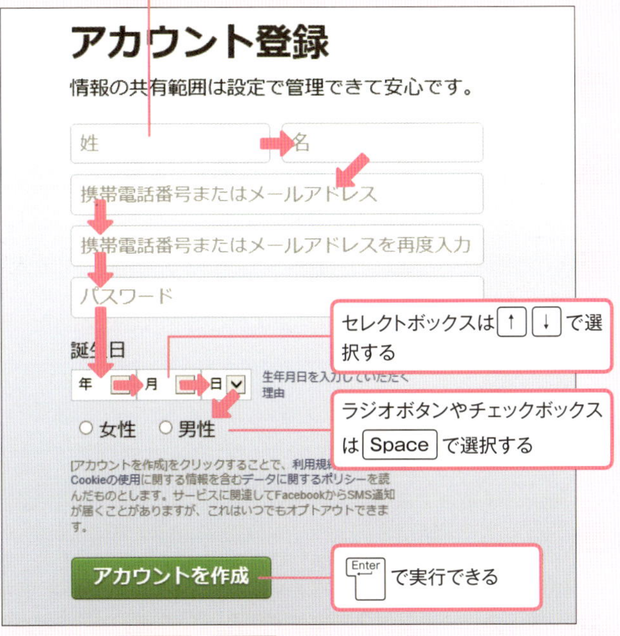

項目を戻るには ⬆Shift ＋ Tab を押す

アプリの項目も Tab で移動する

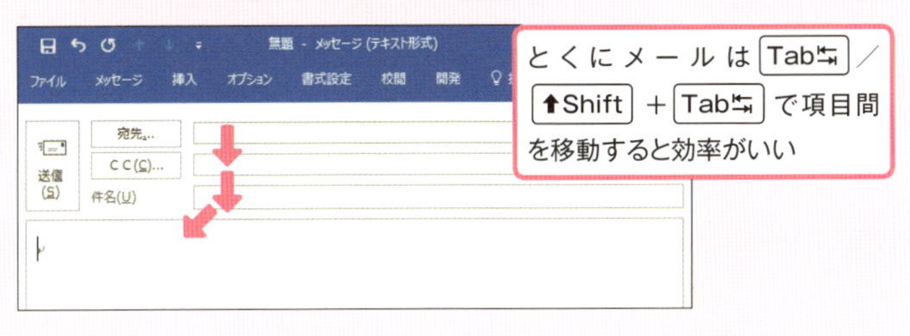

1
2
3 情報収集スキルが飛躍的に高まる
4
5
6
7
8

29 ウェブページを一瞬で再読込する

ウェブページの表示トラブルを解消するワザ

ウェブページを開いたとき、ページの一部がきちんと読み込まれなかったり、ウェブページの内容が更新されているはずなのに古いコンテンツしか表示されなかったりすることがあります。

ここでは、そんなウェブページの表示のトラブルが起きたときに一瞬で解消する方法を紹介します。

(1) F5/Ctrl+R

F5(またはCtrl+R)を押すと、ウェブページが再読込されます。ブラウザの再読込ボタンをクリックするためにマウスを使う必要はありません。ほとんどの場合、これでページが正しく表示されます。

(2) Ctrl+F5

ウェブページの内容が更新されているはずなのに古いコンテンツしか表示されないという場合は、ブラウザがキャッシュを読み込んでいるのが原因です。キャッシュとは、2回目からのページの読み込みを高速に行うために一時的に保存されているファイルのことです。キャッシュが更新されないと、いくらF5を押しても古いコンテンツばかり表示されて、新しいコンテンツを表示できません。

そんなときに使うのがCtrl+F5です。これを押すと、ブラウザはキャッシュを使用せずに、サーバーからコンテンツをすべて再取得します。あまり使う機会は多くないと思いますが、どうしてもコンテンツが更新できないときに使ってみてください。

F5でウェブページを再読込する

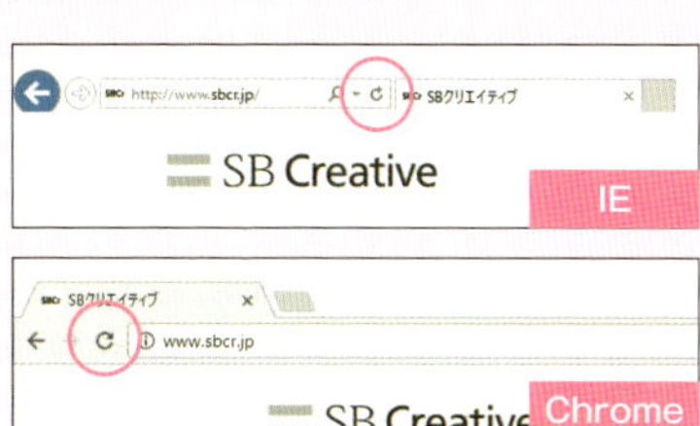

いずれのブラウザも、F5で再読込を行う

丸で囲ったブラウザの再読込ボタンをクリックするよりラク。
また、古いコンテンツが更新できないときはCtrl＋F5を押す

（参考）閲覧の履歴の削除

キャッシュ（インターネット一時ファイル）をはじめ、閲覧履歴、ダウンロード履歴、パスワードやフォームに入力したデータなどをまとめて削除したいときは、Ctrl ＋ ⬆Shift ＋ Delete を押して「閲覧の履歴の削除」から行います。

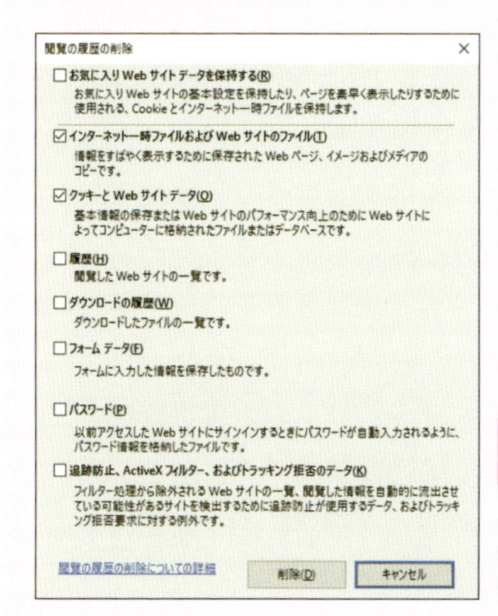

削除したい項目にチェックを入れて「削除」をクリック

1台のパソコンを複数人で共有しているような場合に、プライバシーの観点から履歴を削除したいときに便利

30 画像検索のもっと便利な使い方

画像検索はウェブサイト探しにも大活躍

Googleの画像検索は、世界中のウェブサイトからキーワードに関連した画像を見つけ出すことができる、まさに画像の宝庫です。仕事の資料で使う画像を探すために普段から利用している人も多いでしょう。

画像検索といえば画像を探すもの、と思いがちなのですが、しかし、実はそれだけではありません。画像検索は、仕事に役立つウェブページを効率よく見つけ出すのにも威力を発揮します。

たとえば、ある商品を実際に使っているユーザーの生の声を調べたいとき。そんなときは、**商品名で検索してから、画像検索へと切り替えます。**関連する画像がズラッと表示されますが、その中で**ユーザーが自分で撮影した写真を載せているウェブページは一目瞭然です。**カタログ写真を使うことが多いECサイトなどはスルーして、実際のユーザーの声をすばやく集めることができるというわけです。

実際に試してもらうとわかりますが、通常のテキスト検索と画像検索では、検索結果として見つかるウェブページにかなり違いがあります。画像検索の場合、見つかったページの内容は画像から想像しなくてはなりませんが、**テキストではキーワードが思いつかなかった意外なページ**が見つかる場合もあります。

検索の応用テクニックとして、ぜひ活用してみてください。

10分短縮

画像検索を活用する

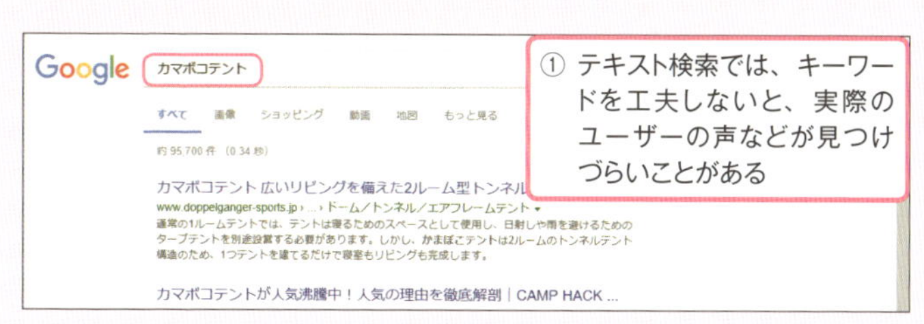

① テキスト検索では、キーワードを工夫しないと、実際のユーザーの声などが見つけづらいことがある

② 画像検索に切り替える

③ 画像だと、実際の商品の利用シーンなどが見つけやすい。ほかにも、現地の様子を知りたいときなどにも便利

31 Google検索の驚きの活用法

Googleの便利な機能を呼び出すフレーズ集

Googleには、キーワード検索以外にも、優れた機能が多数用意されています。中には「**こんなことまでできるの？**」と思うような機能もあります。

(1) 天気を調べる

Googleの検索窓に**「天気」と入力して検索を実行**すると、現在地の1時間おきの天気予報が表示されます。また､「天気 横浜」や「明日の天気」「30日の天気」のように、場所や日にちを指定することも可能です。

(2) 経路を調べる

「品川から新宿区北新宿2」のように､ふたつの地点（出発地と目的地）を「から」でつないで検索を実行すると、Googleマップの経路案内が表示されます。Googleマップに自宅や職場の住所を登録しておけば､「職場から新宿駅」のような検索も可能です。

(3) 郵便番号を調べる

「港区赤坂4 郵便番号」のように、住所のあとに「郵便番号」を指定すると、郵便番号を検索できます。いちいち日本郵便のホームページで探す必要はありません。

(4) 電卓や単位変換ツールとして使う

「電卓」と入力して検索を実行すると、検索結果に電卓が表示されます。また**「単位変換」と入力して検索を実行**すると、単位変換ツールが表示されます。この機能はとても便利です。

Google検索からいろいろな機能を使う

天気を調べる

天気

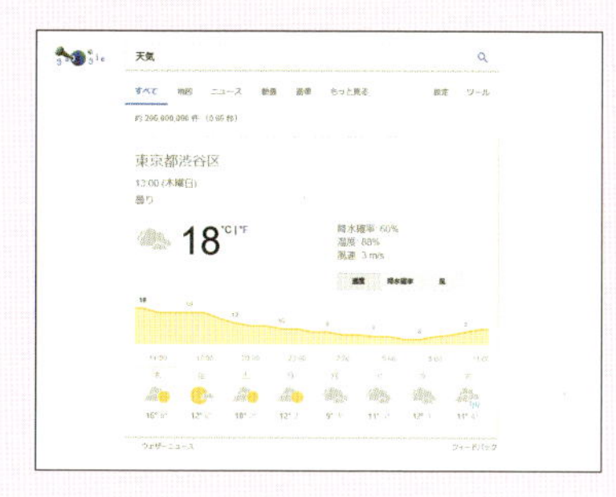

検索窓に「天気」と入力して検索を実行すると、現在地の1時間おきの天気予報が表示される

経路を調べる

品川から新宿区北新宿2

検索窓に「〈出発地〉から〈目的地〉」と入力して検索を実行すると、Googleマップの経路案内が表示される。画面上部のタブで移動手段を選択することも可能

単位を変換する

単位変換

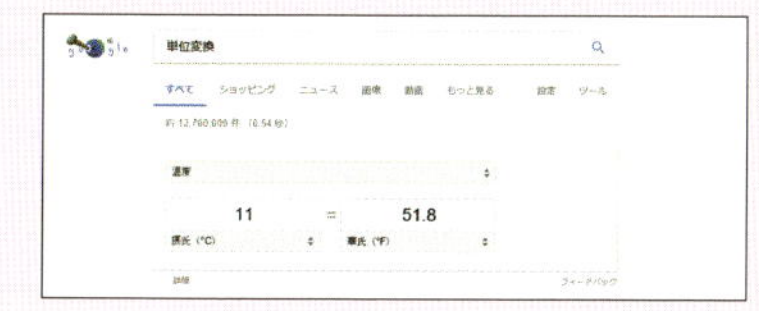

検索窓に「単位変換」と入力して検索を実行すると、単位変換ツールが表示される。上部のプルダウンメニューで変換対象を選択する。長さや重さ、面積だけでなく、周波数や燃費なども変換できる優れもの

32 英語の翻訳は Google に任せる

翻訳精度が大きく向上した Google 翻訳を活用しよう

技 31 で、Google を使ったいろいろな検索技を紹介しましたが、もうひとつ使いこなしたい機能があります。それが翻訳機能です。

「この単語の意味は何だっけ？」「これは英語で何て言うんだっけ？」というときは、**Google の検索ボックスに、「(キーワード) 和訳」や「(キーワード) 英訳」などと入力します。**これで知りたい意味や単語が検索結果に表示されます。外国語で書かれたコンテンツを読むときや、外国のユーザー向けに情報を発信するときなどに、調べ物をする時間を大幅に短縮できます。

検索結果の左側のボックスには直接入力することができ、まとまった文章を翻訳することもできます。Google 翻訳のエンジンを利用しており、とくに日本人がよく使う**英語と日本語の翻訳精度が高い**のがポイントです。「このメール翻訳して」とか「海外のサイトの管理者に問い合わせしておいて」といった、上司からの突然の依頼にもさっと対応できるはずです。

英語のサイトの記事を読んだり、サービスを利用したりしたいときには、**Google 翻訳のウェブサイト**もおすすめ。URL を貼り付けるだけで、ウェブサイト全体を翻訳できます。記事の大意をつかむ程度ならまったく問題ありませんし、日本語に対応していない海外のサービスを利用するときにも大いに役立ちます。ウェブ上のコンテンツはほとんどが英語ですが、これまでがんばって英語を読んでいた人も、無料の Google 翻訳を利用しない手はありません。

12分短縮

Google翻訳を活用する

辞書として使う

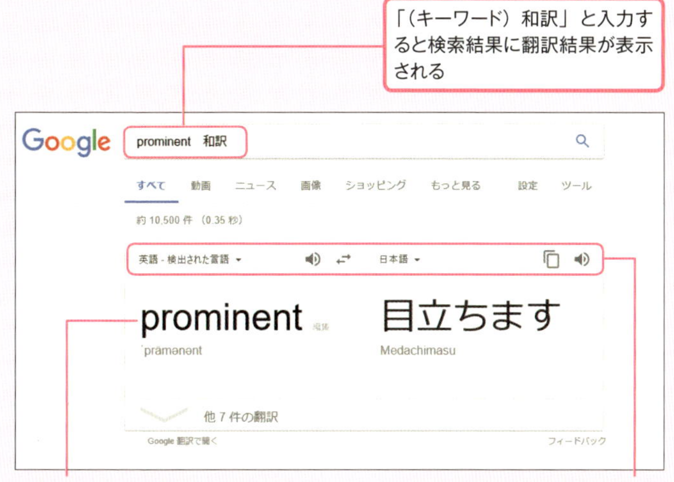

左側のボックスに単語や文章を直接入力することもできる

ここから、ほかの外国語に変更したり、発音を聞いたりすることができる

ウェブサイトを翻訳する

https://translate.google.com/ にアクセス

海外のサイトの URL を入力。
右側にリンクが作成されるので、クリックすると翻訳版を読むことができる

翻訳したい単語や文章を入力してもよい

33 いつものサイトに一瞬でアクセスする

お気に入りバーからすぐ開けるようにする

普段よく見るウェブページは、**「お気に入り」（ブックマーク）**に保存していますよね。しかし、お気に入りが増えてくると、ほかのお気に入りに埋もれてしまって、たどり着くだけで時間がかかってしまいます。そこで、おすすめしたいのが、毎日見るウェブサイトを**「お気に入りバー」**に登録することです。

お気に入りバーとは、ブラウザのアドレスバーのすぐ下に用意されているツールバーのことで、お気に入りのウェブページを登録して、常時表示させておくことができます。いわばお気に入りの特等席で、一日に何度も表示するようなウェブサイトを登録しておくのにぴったりです。

ブラウザにお気に入りバーが見当たらないときは、Internet Explorerの場合は Ctrl + Shift + B を押します。押すたびに表示と非表示を切り替えることができます。

お気に入りバーにウェブサイトを登録するには、**「お気に入り」の一覧の中からお気に入りバーフォルダーの中にドラッグ＆ドロップ**すれば登録できます。

お気に入りバーにフォルダーを作成することもできます。やり方は、**登録したウェブサイトのアイコン上で右クリック→「新規フォルダー」を選択します。**フォルダーにお気に入りをまとめておくと、ワンクリックで一度に開くことができて非常に便利です。いつも巡回しているサイトなどを管理するのにぜひ活用してください。

お気に入りバーからウェブサイトを開く

お気に入りバーに登録

Ctrl ＋ ⬆Shift ＋ B を押してお気に入りバーを表示

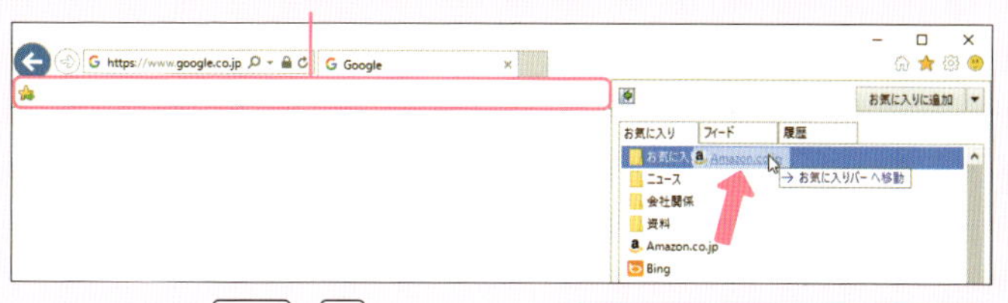

「お気に入り」は Ctrl ＋ I で開くことが可能

「お気に入り」の中から「お気に入りバー」フォルダーにドラッグ&ドロップして登録

お気に入りバーにフォルダーを作成

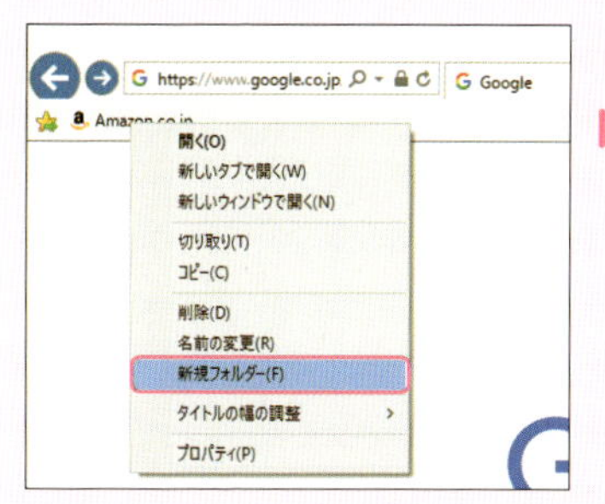

登録したアイコンを右クリックして「新規フォルダー」を選択

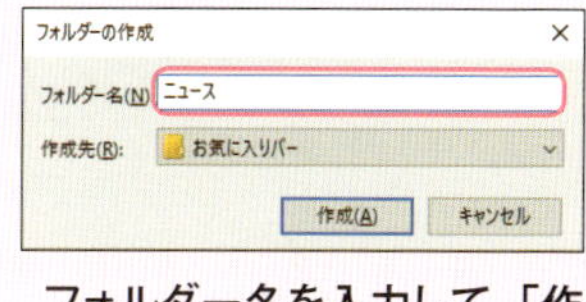

フォルダー名を入力して「作成」をクリック

フォルダーへの移動はドラッグ&ドロップで行える。
「タブで開く」でフォルダー内のお気に入りをまとめて開くことが可能

4章

知るだけで Excel の
作業が速くなる

「見やすい表を手早く作りたい」

Excelを使っている人は誰しも思うことでしょう。どうしたら少しでも早く表が仕上がるでしょうか？

肝になるのは、「データ入力」です。同じようなデータを入力するのに毎回手作業を繰り返していては、時間がいくらあっても足りません。

実はExcelには、驚くような時短ワザがいくつも用意されています。Excelを使いこなしている人は、自分のよく使う機能を熟知している人です。そして、その機能を最短の手数で呼び出す方法をマスターしています。

ここではデータや表を使いまわすためのコピペ技や、ドラッグしないで連続したデータを入力するオートフィル、罫線を一瞬で引く方法、データや表を使いまわすための方法など、知っているだけで毎日の業務が変わる仕事ワザを集めてみました。

34 セルを一瞬で移動する方法

セルの移動はキーボードから行うのが断然高速

Excelの作業効率を上げるうえで、データの入力とともに重要なのがセルの移動です。とくに大きな表を扱っているときには、マウスで移動していてはあまりに効率が悪すぎます。

そんなときこそショートカットキーの出番です。

(1) Ctrl + ↑↓←→

Ctrl + ↑↓←→を押すと、「隣りが空白」のセルまで一気にジャンプします。これによって、表のデータが入力されている境界まで一瞬で移動できます。空白のセルにいるときに押すと、次のデータが入力されているセルまで一瞬で移動します。

(2) Ctrl + Home／Ctrl + End

シート内の先頭のセルに移動したいときはCtrl + Homeを押します。左上に一気に戻れるため、表を扱う際には何かと便利です。

データがある範囲の最後尾のセルに移動したいときはCtrl + Endを押します。こちらはShiftと組み合わせてセルを選択したいときに便利です。最初にA1セルに移動しておいて、Ctrl + Shift + Endとやれば、データのあるセルだけをまとめて選択することができます。

(3) PageDown／PageUp

シート内を高速に移動するには、**PageDownやPageUp**も有効です。押すと1ページ分スクロールするので、何度か押すだけで何ページ分もあるシートでもあっという間にチェックできます。

セルを瞬間移動するショートカットキー

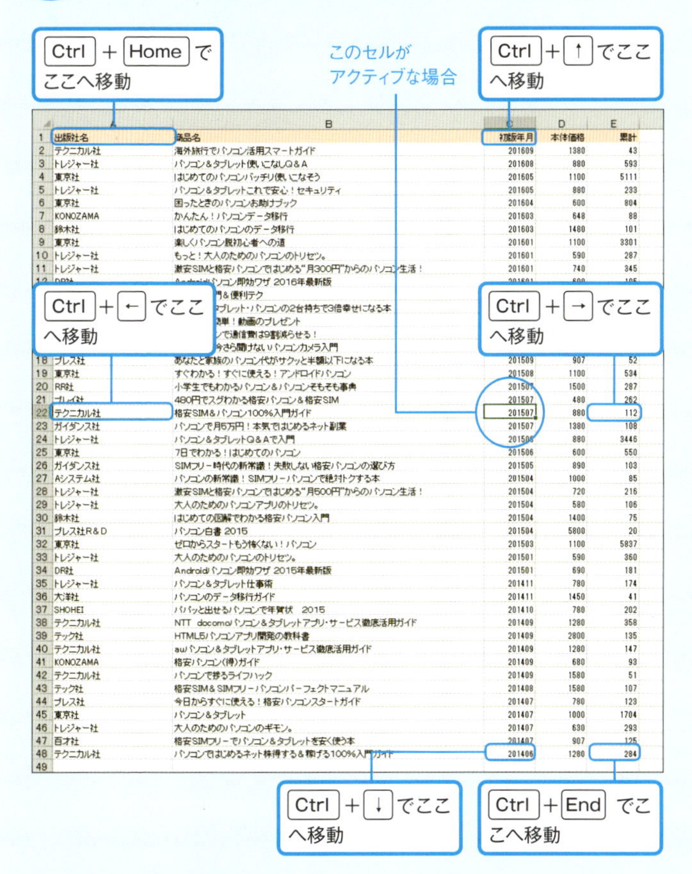

その他のセルを移動するショートカットキー

Page Down	1ページ分下にスクロール
Page Up	1ページ分上にスクロール

35 行や列の挿入・削除はキーボードから行う

表の作成が激速になるショートカットキー

Excelを使うなら絶対に覚えてほしいのが、行や列を挿入・削除するショートカットキーです。表を作成するとき、行や列を挿入・削除する機会は山ほどあります。いちいち右クリックしていてはいけません。行や列を瞬速で挿入・削除するショートカットキーは、Excelの作業時間を短縮する大きな武器になります。

（1）行や列の挿入

行や列を挿入したいときは、Ctrl＋＋を押します。挿入のダイアログが表示されますので、「行全体」または「列全体」を選択すれば選択したセルの位置に挿入できます。

また、先に行や列を選択してからCtrl＋＋を押すと、ダイアログを表示せずに挿入できます。その際、**行の選択にはShift＋Space、列の選択にはCtrl＋Spaceを使うと便利です。**ただしMS-IMEで日本語入力がオンになっていると、セルの上でShift＋Spaceを押したときに半角スペースが入力されてしまうので注意してください。

（2）行や列の削除

行や列を削除したいときは、Ctrl＋－を押します。こちらも行や列を選択してから実行すれば、ダイアログを表示せずに行や列を削除できます。

05分短縮

行や列の挿入・削除をキーボードから行う

行や列の挿入・削除

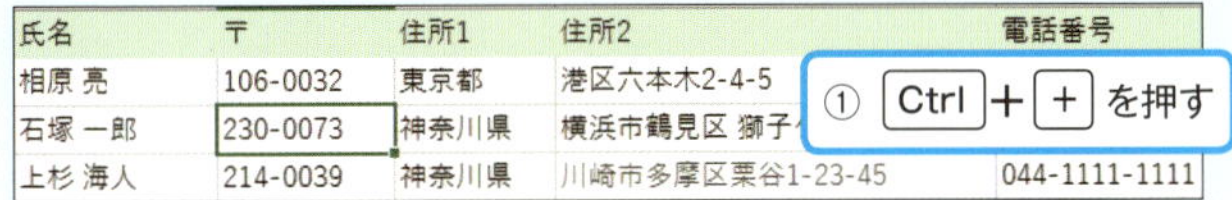

氏名	〒	住所1	住所2	電話番号
相原 亮	106-0032	東京都	港区六本木2-4-5	
石塚 一郎	230-0073	神奈川県	横浜市鶴見区 獅子ケ	
上杉 海人	214-0039	神奈川県	川崎市多摩区栗谷1-23-45	044-1111-1111

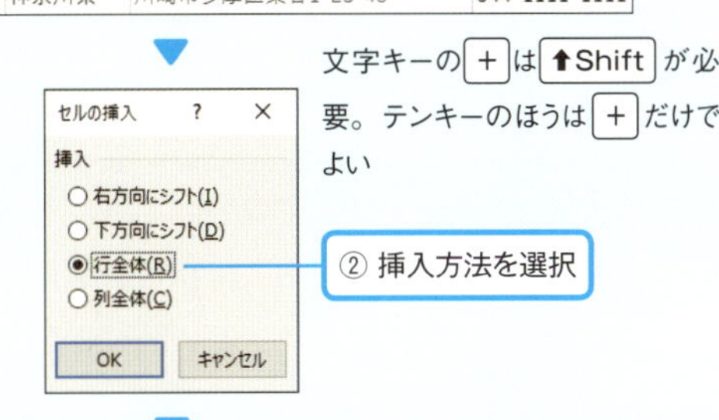

文字キーの + は ⬆Shift が必要。テンキーのほうは + だけでよい

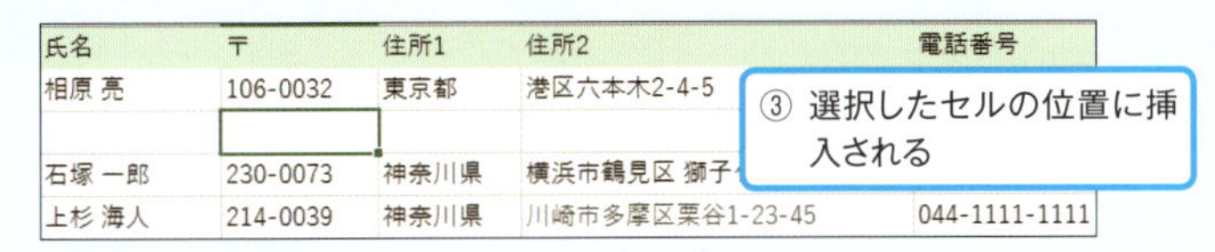

氏名	〒	住所1	住所2	電話番号
相原 亮	106-0032	東京都	港区六本木2-4-5	
石塚 一郎	230-0073	神奈川県	横浜市鶴見区 獅子ケ	
上杉 海人	214-0039	神奈川県	川崎市多摩区栗谷1-23-45	044-1111-1111

削除する場合は Ctrl + − で同様の操作を行えばよい

行や列の選択

⬆Shift + Space を押すと行を選択

氏名	〒	住所1	住所2	電話番号
相原 亮	106-0032	東京都	港区六本木2-4-5	03-5555-1234
石塚 一郎	230-0073	神奈川県	横浜市鶴見区 獅子ケ谷2-99-99	045-1111-1111
上杉 海人	214-0039	神奈川県	川崎市多摩区栗谷1-23-45	044-1111-1111

Ctrl + Space を押すと列を選択

氏名	〒	住所1	住所2	電話番号
相原 亮	106-0032	東京都	港区六本木2-4-5	03-5555-1234
石塚 一郎	230-0073	神奈川県	横浜市鶴見区 獅子ケ谷2-99-99	045-1111-1111
上杉 海人	214-0039	神奈川県	川崎市多摩区栗谷1-23-45	044-1111-1111

36 データの入力をもっと快適にする

データの入力・編集を速くする4つの必修ワザ

Excelの時短の成否を分けるのが、**データ入力作業の効率化**です。ここではデータの入力と編集をラクにする4つのワザを紹介します。

(1) Tab で右に移動

データを入力して Enter を押すと、真下のセルに移動します。しかし住所録のようなデータを入力しているときは右のセルに移動したくなります。そんなときは Enter の代わりに **Tab を押すと、右のセルに移動できます。**

(2) セルを連続して入力できるようにする

(1) のワザでどんどん右方向へ入力していくことができますが、1件のデータを入力し終わるたび、行の先頭のセルに戻らなくてはなりません。そこで、**データを入力する前に、入力範囲を選択しておきます。**そうすることで、右端まで入力して Tab を押すと、折り返して左端のセルにカーソルが自動で移動します。これで、Tab を押し続けるだけで順々に入力していくことができます。

(3) Alt + ↓ で同じデータを入力

同じデータを入力する場合は Alt + ↓ を押すと入力済みのデータのリストが表示されるので、そこから入力できます。この方法は、入力するデータの種類が少ない場合にとても便利です。

(4) F2 でセルの編集

入力済みのセルを編集するには F2 を押します※。マウスをダブルクリックする必要がなくなり、データの入力がはかどります。

※ただし、そのセルがほかのセルを参照している場合は、F2 を押すと参照元が表示されます。

データを効率よく入力する

Tab で右に移動

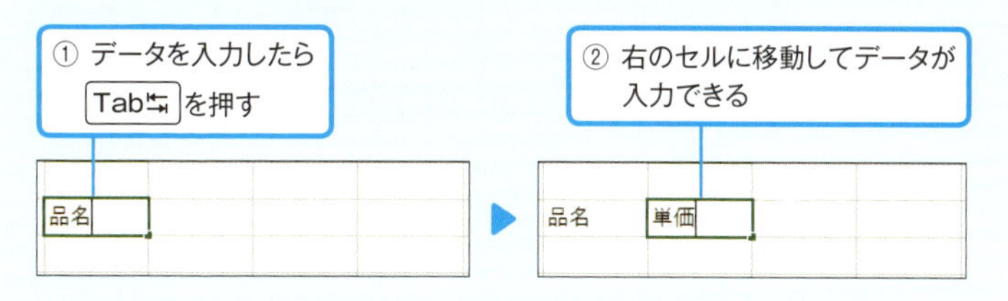

範囲選択して連続入力

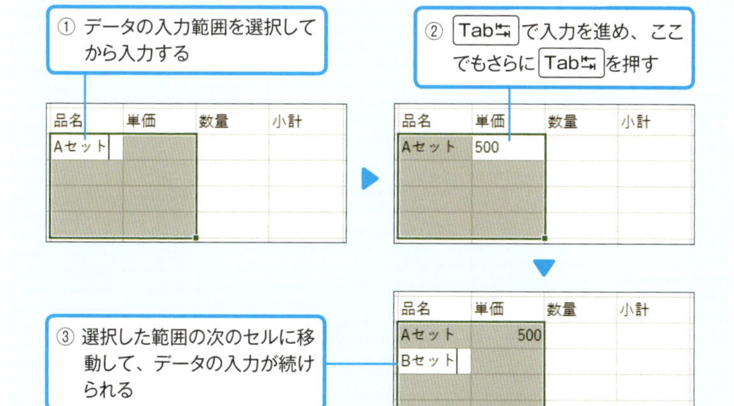

ここでは Tab を例にしたが、Enter でも選択範囲を伝って移動できる。また、データを入力せずに進むこともできる

Alt ＋ ↓ で同じデータを入力

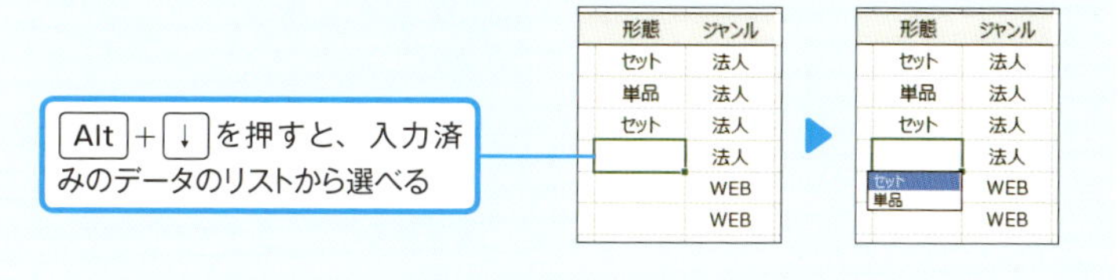

37 セルのコピーで知っておきたいこと

セルのコピーが速くなる３つの便利ワザ

Excelで表を作成している際に、セルのデータを別の場所にコピーすることが何度もあります。そのせいもあって、Excelには Ctrl ＋ C → Ctrl ＋ V 以外の方法がたくさん用意されています（**むしろ、Ctrl ＋ V はあまり使わないと言ってよいほどです**）。ここでは、セルのコピーが速くなる３つの便利ワザを紹介します。

（1）Enter で貼り付ける

セルをコピーしたあと、**Enter を押すだけで貼り付けることができます。** Ctrl ＋ V では２本の指が必要ですが、Enter なら１本なので圧倒的にラクで高速です。

（2）Ctrl ＋ D で上のセル、Ctrl ＋ R で左のセルをコピー

Ctrl ＋ D ですぐ上のセルをコピーできます。Ctrl ＋ R だとすぐ左のセルをコピーできます。 Ctrl ＋ C を押す必要すらありません。

（3）複数のセルにまとめてコピーする

セルをコピーしたあとに、**貼り付ける先のセルをすべて選択して Enter** を押せば、同じ内容がまとめて貼り付けられます。

なお、コピーではなく、新しいデータを複数のセルにまとめて入力することもできます。**複数のセルを選択してからデータを入力し、Ctrl ＋ Enter で確定**すればOKです。

04分短縮

セルのコピーをすばやく行う

Enter で貼り付け

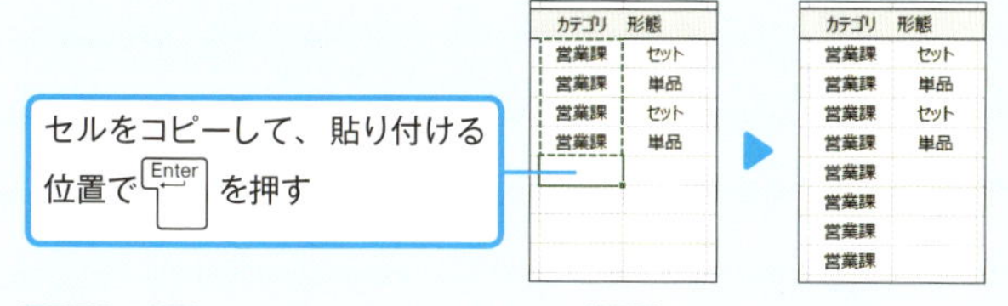

Ctrl + V は何度でも貼り付けられるが、Enter では一度しか貼り付けられないという違いがある

Ctrl + D で上のセル、Ctrl + R で左のセルをコピー

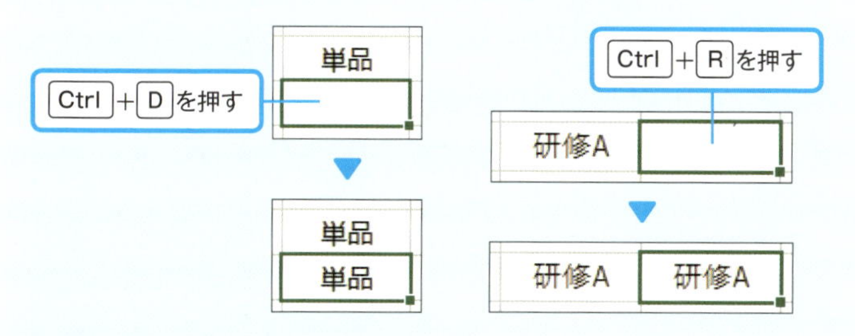

複数のセルにまとめてコピー

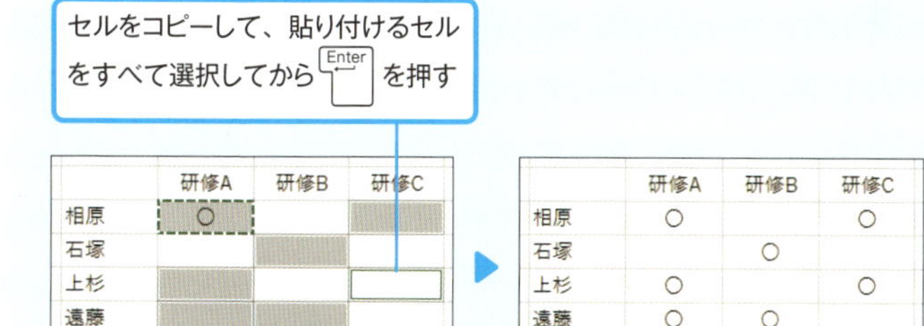

コピーではなく、新しいデータを複数のセルにまとめて入力するときは、複数セルを選択してからデータを入力して、Ctrl + Enter を押せばよい

38 セルの値や書式、数式だけ貼り付ける

「形式を選択して貼り付け」を制する

Excelでセルをコピー＆ペーストするときは、**セルの中の何をコピペするかを考える必要があります。**セルのデータには、数値、文字列、日付、数式などの種類があります。ほかにも、フォントサイズや背景色、罫線など、さまざまな情報を持っています。

単純にCtrl＋C→Ctrl＋Vを実行するとすべての情報がコピペされますが、値だけを貼り付けたい、背景色などの書式だけを貼り付けたいということも当然ありますよね。

このようなときには、「**形式を選択して貼り付け**」を使います。かんたんに言えば、貼り付ける内容を取捨選択できる機能です。

やり方は、Ctrl＋Cでコピーして、**貼り付けるときにCtrl＋Alt＋Vを押します。**普段の貼り付けコマンドにAltを追加するだけです。

「形式を選択して貼り付け」というダイアログが表示されるので、貼り付けオプションを選びます。数式だけ、値（直接入力したものや、数式や関数で得られた値）だけ、書式だけといった具合に、貼り付ける内容を選ぶことができます。

貼り付けた書式などを、さらに別の場所に貼り付けたいときはF4を押します。**F4は直前に行った操作を繰り返すショートカットキーです※**。別のセルを選択してF4を押せば、先ほどコピーした書式を何度でも貼り付けられます。なお、F4は行や列の挿入・削除を繰り返したいときにも便利に使うことができます。

※F4はセルの参照に「$」を付けるためにも使用されます。「A1」などと相対参照になっているときにF4を押すと、「A1」→「A$1」→「$A1」と切り替わります。

05分短縮

「形式を選択して貼り付け」を使いこなす

① 左の表をコピーして貼り付ける範囲を選択し、Ctrl + Alt + V を押す

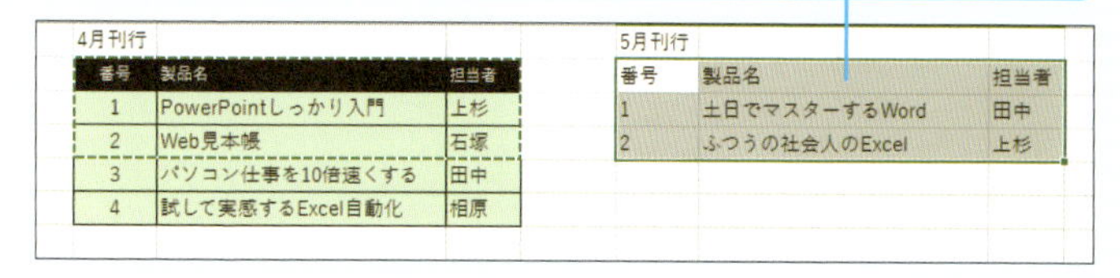

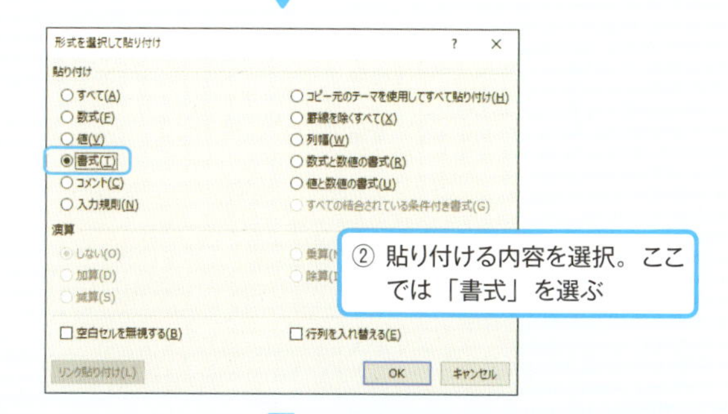

② 貼り付ける内容を選択。ここでは「書式」を選ぶ

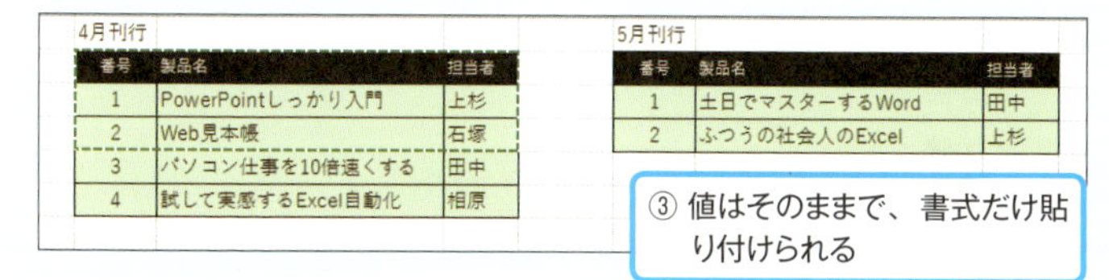

③ 値はそのままで、書式だけ貼り付けられる

主な形式の意味

数式	等号（=）で始まる A1+B1 といった数式や、SUM(A1:A10) といった関数
値	数値と文字列
書式	フォントの種類や色、背景色、配置、罫線など
数値の書式	小数点の桁表示、桁区切り、日付・時刻表示形式など

39 連続データを一瞬で入力する

ドラッグしないでオートフィルのデータを作成する

データを連続して入力するのに欠かせない「オートフィル」。Excelの基本中の基本技です。値の入力されたセルをドラッグすれば、連続してコピーできます。ほかにも、基礎となるデータを入力してドラッグすれば、連続データを入力することができます。

・「1」「2」と入力してドラッグ　→　3、4、5……
・「月曜日」としてドラッグ　→　火曜日、水曜日……
・「2017/3/3」としてドラッグ　→　2017/3/4、2017/3/5……

オートフィルは普段ドラッグして使いますが、入力したいデータが何ページ分もあるときには面倒です。そんなときに一瞬で入力を完了させる方法をここで紹介します。

（1）連続データを新規に作成する場合

セルに基礎となるデータ（たとえば「1」）を入力したあと、**「ホーム」タブ→「フィル」→「連続データの作成」**をクリックし、ダイアログから作成します。**「範囲」で行と列のどちらかを選び、「停止値」に「1000」などと入力**すれば、連続する1000の数値が一瞬で入力されます。連続する日付も入力できます。

（2）あらかじめ隣接するセルにデータが入力されている場合

この場合は、**フィルハンドル（セルの右下隅にある小さな四角形）をダブルクリックします。**これだけで、隣接するデータとぴったり合わせてデータが連続入力されます。下方向にしか使えませんが、何万行のデータも一瞬で入力が完了します。

連続データをかんたんに作成する

連続データの作成

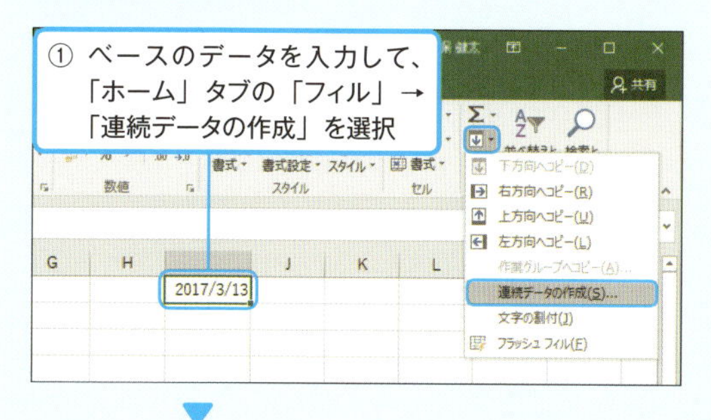

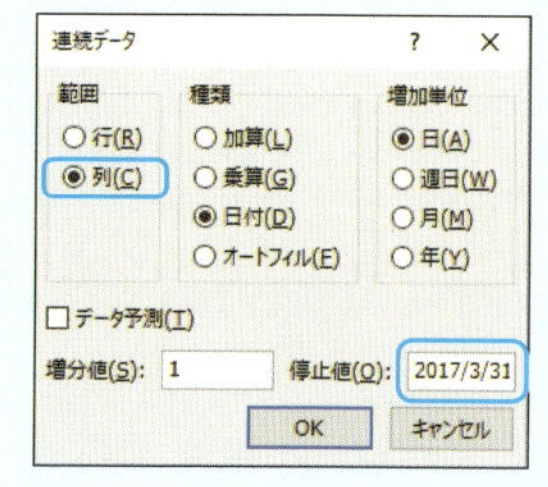

② 行か列を選び、停止値を入力して「OK」をクリック

ここでは日付を例にしたが、数値のときは最後の値を入力すればよい。1000でも10000でも一気に入力できる

フィルハンドルをダブルクリックして連続データを作成

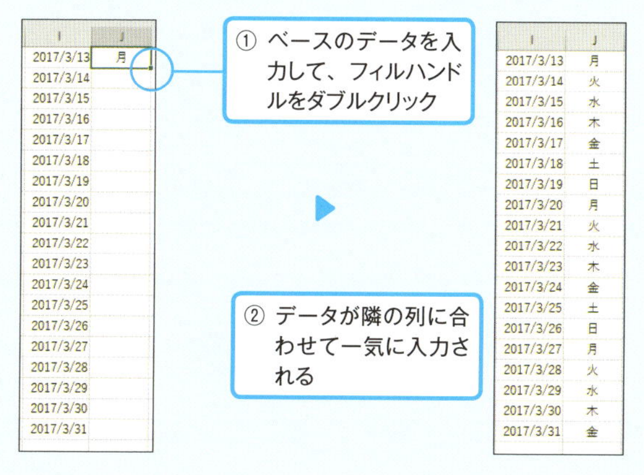

40 行・列・セル範囲を一瞬で入れ替える

表の編集が激速になるマウスドラッグのワザ

Excelで表を作成するときに頻繁に行う操作のひとつに、行や列、セルの入れ替えがあります。その際に、切り取り→挿入というやり方で作業している人はいないでしょうか？　**この操作は実はたったひとつの操作で行うことができます。**これまで知らなった方は、ぜひここで習得して作業時間の短縮を実現してください。

（1）挿入

行や列、セル範囲を選択してからShiftを押しながらドラッグすると、ドラッグ先に挿入することができます。これを使えば、表の左右、上下を入れ替えるといったことがかんたんに行えます。

ドラッグする際には、選択範囲の境界線にカーソルを合わせて、十字の矢印（✥）にしてから行います。

（2）複製して挿入

行や列、セル範囲を選択してからCtrl+Shiftを押しながらドラッグすると、元の範囲を残したまま、ドラッグ先に複製して挿入することができます。

（3）移動

行や列、セル範囲を選択してからドラッグすると移動になり、移動先の内容を置き換えます。

マウスドラッグで行・列・セルを入れ替える

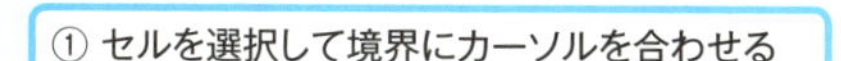

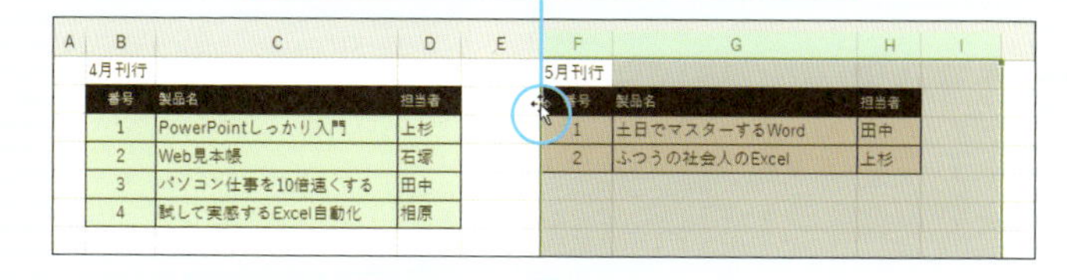

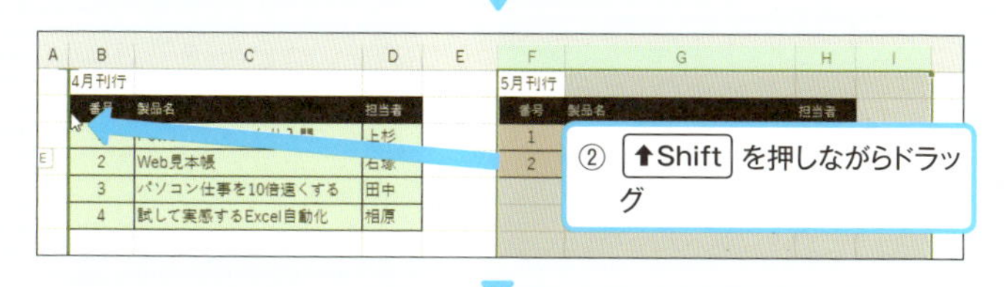

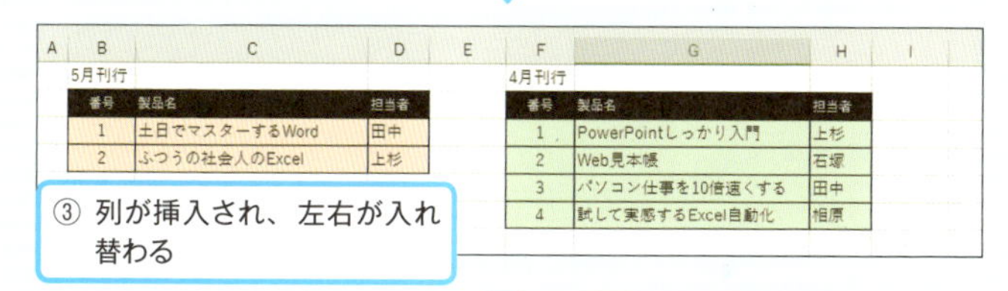

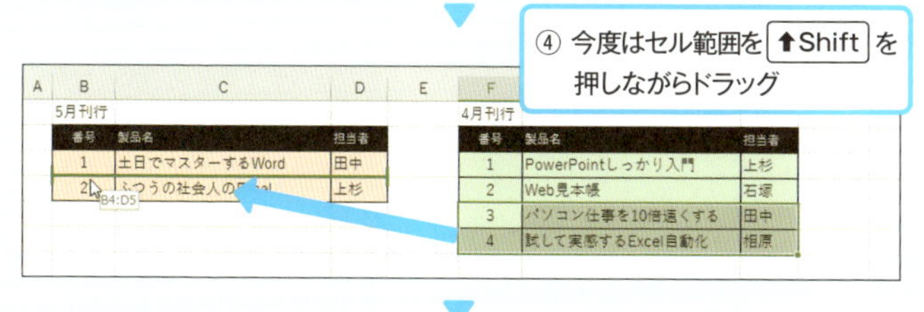

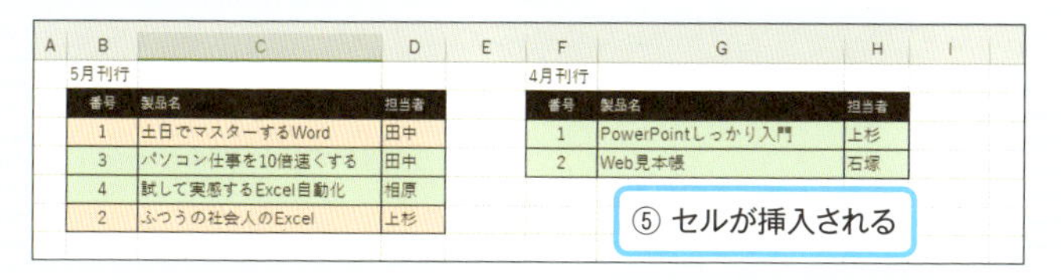

41 行や列の幅を調整する一番かんたんな方法

行の高さや列の幅はまとめて変更できる

普段、表を作成するときには、行の高さや列の幅の変更を何度も行っていると思います。この作業を個々の行や列に対して行っていては、時間がいくらあっても足りません。大幅な時短を実現できるワザがありますので、ここで紹介します。

（1）行の高さや列の幅をまとめて調整する

行の高さや列の幅を変更するときは、**行や列の境界部分をドラッグするかダブルクリックします。**通常は個別に調整されるだけですが、**表全体を選択した状態でドラッグすると行の高さや列の幅がすべてのセルで同じになります。**ダブルクリックではすべてのセルの高さや幅がちょうどよいサイズに調整されます。

表全体でなく、**調整したい行や列だけを選択しておき、ドラッグやダブルクリックでまとめて調整することも可能です。**

この方法を使えば、行や列の幅の調整は一瞬で完了します。

（2）コピー元の列幅を保持する

表をコピー＆ペーストするとき、普通に貼り付けただけでは行の高さや列の幅が貼り付け先に反映されません。これに対処するには、**貼り付けたあとに貼り付けのオプションで「元の列幅を保持」をクリックします。**これで列幅の情報が貼り付け先に反映されます。

しかし、これだけだと行の高さは保持されていません。行の高さも保持する必要がある場合は、**表をコピーするときに行全体をコピー**しておき、貼り付けたあとに「元の列幅を保持」を実行します。

03分短縮

行の高さや列の幅を調整する

行の高さや列の幅をまとめて調整する

表全体を選択して、行や列の境界をドラッグすると、まとめて調整される

境界をダブルクリックするとセルの内容に合わせてまとめて調整される。
サイズをきっちり合わせるときは、行や列の見出しを右クリックして「行の高さ」「列の幅」から数値を入力する

コピー元の列幅を保持する

① 行全体を選択してコピーすると、貼り付けたときに行の高さを保持できる

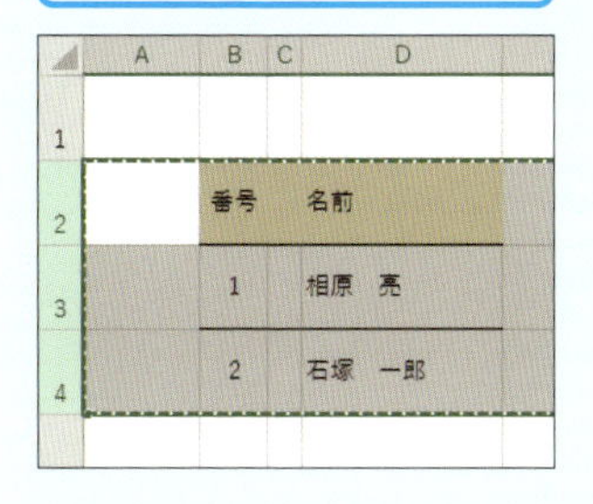

② 貼り付けのオプションで「元の列幅を保持」を実行すると、列幅も再現される

貼り付けただけだと、列幅の情報は反映されていない

42 表の罫線はすばやくシンプルに引く

時間をかけずに見栄えのいい表を作るワザ

表を作るときは、罫線を適切に引いて、情報を見やすくすることが大切です。そのための表のデザインのポイントとして、「**罫線をなるべく減らす**」というものがあります。たとえば、列のデータがきちんと揃えられていれば、縦の罫線は引かなくても問題なく情報を伝えることができます。

一方で、**罫線の色や種類に凝って時間をかける必要はありません。**罫線はあくまでも情報の区切りを伝え、人の目線をガイドするものなので、目立つ必要はないのです。

ここでは上記の方針にのっとって、シンプルな罫線をサッと引く方法を紹介します。

表の罫線を引くときには、ツールバーからではなく、「セルの書式設定」を使います。**「セルの書式設定」は、表の範囲選択をしてから Ctrl ＋ 1 を押せば一瞬で呼び出せます。**右クリックのメニューを使う必要はありません。あとは**「罫線」のタブで横の罫線だけを引くように設定します。**

なお、Excelの初期状態では、シートに格子状に薄く線が引かれています。この線があると表の仕上がりがわかりにくいので、表を確認する際には**「表示」タブにある「目盛線」(Excel 2013以前は「枠線」)のチェックを外して非表示にする**とよいでしょう。

仕事の資料作成では表のデザインはシンプルに、時間をかけず、を心がけましょう。

05分短縮

「セルの書式設定」から罫線を引く

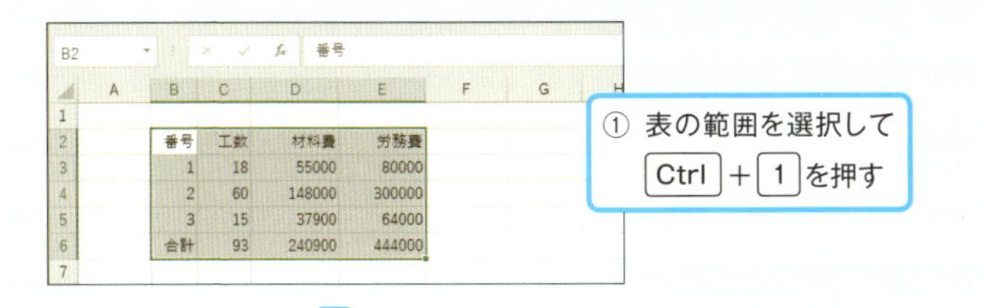

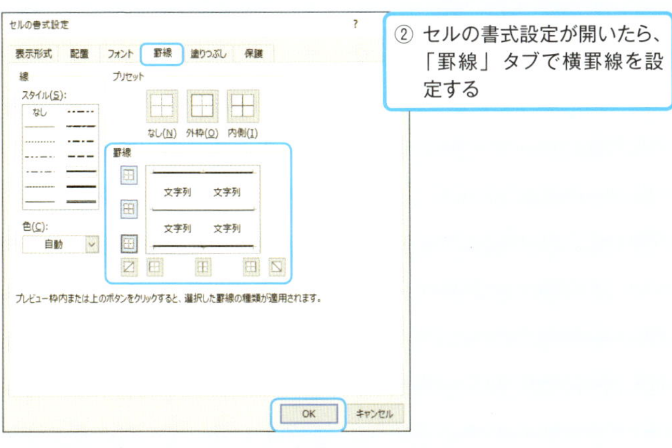

上下の罫線を太めにしておくと、表の範囲がわかりやすくなる

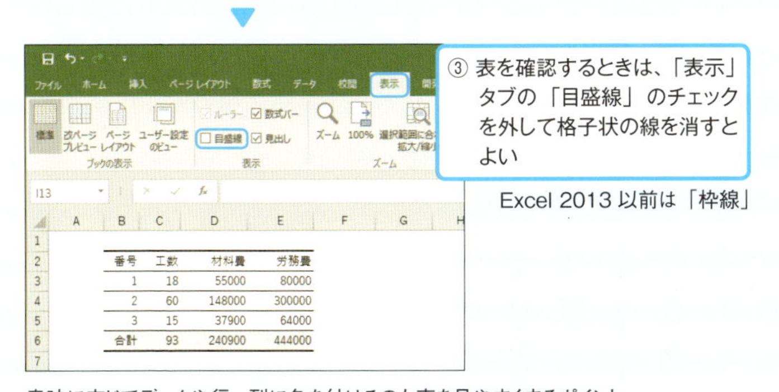

Excel 2013 以前は「枠線」

意味に応じてデータや行・列に色を付けるのも表を見やすくするポイント

43 日付や時刻の入力はExcelに任せる

手作業を減らして確実に入力する便利ワザ

Excelの表に、現在の日付や時刻を入力したいことがよくあります。そんなときのために、Excelは**使用中のパソコンの日付や時刻を使って自動的に入力をする機能**を備えています。これを使えば入力がラクになるうえにミスもなくなり、一石二鳥です。

（1）現在の日付を入力

Ctrl＋；を押せば、現在の日付が一瞬で入力できます。表を作成していて、作成日や更新日を入力したいときに非常に便利です。

（2）現在の時刻を入力

Ctrl＋：を押せば、現在の時刻が一瞬で入力できます。作業時間の管理や、勤怠管理などで現在の時刻を入力したいときに便利に使うことができます。

なお、日付と時刻を入力したい場合は、Ctrl＋；を押して、Spaceで間を空けてから、Ctrl＋：を押せばOKです。

（3）シートを開いた時点の日付を入力

何度も使う伝票のテンプレートなどであれば、シートを開いた瞬間にその日の日付が入ると便利です。**TODAY関数**を使えばそれが実現できます。**セルに「=TODAY()」と入力しておくだけです。**

ただし、TODAY関数はシートを開いた時点の日付を表示するので、日付を保存しておきたいときは印刷するか、PDFデータとして出力しておく必要があります。

01分短縮

現在の日付や時刻を入力する

現在の日付を入力

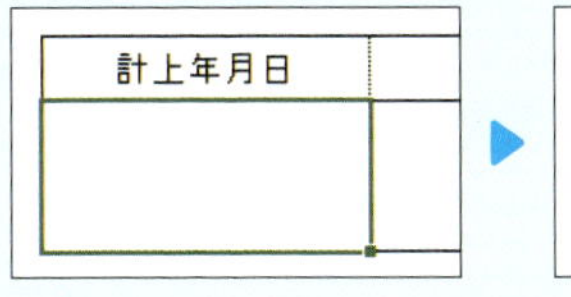

計上年月日
2017/03/09

Ctrl + ; を押すと現在の日付が入力される

現在の時刻を入力

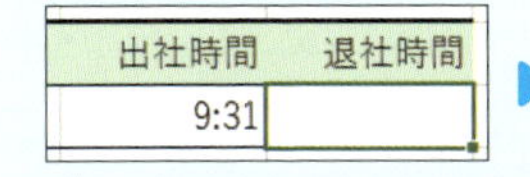

出社時間	退社時間
9:31	19:33

Ctrl + : を押すと現在の時刻が入力される

時刻は「00:00」と表記するので : を押す、と覚えておくとよい

シートを開いた時点の日付を入力

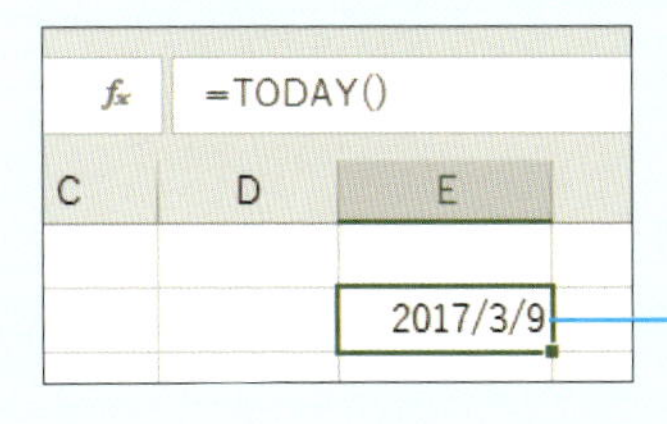

「=TODAY()」と入力しておくと、シートを開いた時点での日付が表示される

44 関数を使って作業を自動化する

面倒な作業のかなりの部分は関数で解決できる

Excel で行う作業は、関数を使うことで、かなりの部分が自動化できます。複雑な表のデータを手でポチポチ入力していては、とんでもなく時間がかかってしまうことは明らかです。そのため、仕事で使う表では関数が使われていることが普通です。

本書で紹介しているショートカットキーやオートフィルといった機能はもちろん大事なのですが、仕事で大きな威力を発揮するのが関数です。関数を避けている人もいるかもしれませんが、**よく使うものは限られていますので**、ぜひ仕事に取り入れてみてください。

(1) 関数の入力

右ページでは、**数値を切り捨てる ROUNDDOWN 関数**を入力しています。たとえば商品の価格に小数部分が付くことは絶対にありません。そのような場合は ROUNDDOWN 関数で小数点以下を切り捨てるようにしておけば、データを修正する手間がなくなります。

(2) SUM 関数

SUM は、セルの範囲を足し合わせた合計を求める関数で、Excel の代表的な関数です。「オート SUM」という機能がありますが、それが SUM 関数と同じです。

実は SUM 関数には専用のショートカットキーが用意されていて、Shift + Alt + = ですぐ入力することができます。一番よく使う関数なので、これはぜひキーボードから呼び出せるようにしておきましょう。

30分短縮

関数を使う

関数の入力

指定した桁数で切り捨てるROUNDDOWN関数を使う場合

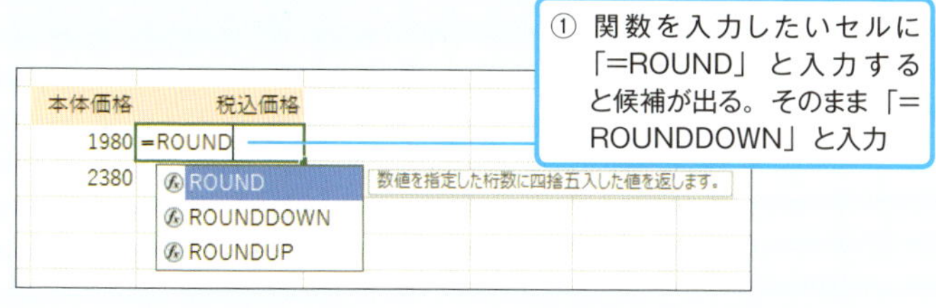

① 関数を入力したいセルに「=ROUND」と入力すると候補が出る。そのまま「=ROUNDDOWN」と入力

入力中にヒントが表示されるので、それを参考に入力していく

▼

本体価格 税込価格
1980 =ROUNDDOWN(
2380 ROUNDDOWN(数値, 桁数)

②「(」を入力すると、関数名が決定する

▼

本体価格 税込価格
1980 =ROUNDDOWN(H4*1.08,0)
2380

③ パラメーターを入力する。「H4」の部分は「1980」のセルをクリックして入力した。ほかは手で入力している。最後に「)」で閉じる

▼

本体価格 税込価格
1980 2138
2380

④ Enter で関数が実行される。

1980×1.08＝2138.4のところ、小数点以下が切り捨てられた

SUM関数のショートカットキー

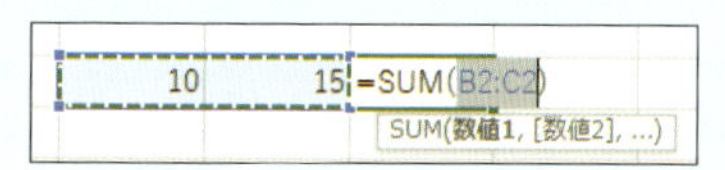

セルの範囲を足し合わせた合計を求められる

SUM関数は ⇧Shift ＋ Alt ＋ = で入力できる

45 「ふりがな」をかんたんに用意する

ふりがなは自分で一から入力しなくても作成できる

Excelで名簿を作っていて「ふりがな」がほしいことがあると思います。このようなときに、ふりがな欄を作って自分で一から入力していく必要はまったくありません。Excelはふりがなに関係した便利な機能をたくさん備えていて、それを活用するだけで最小の手間でふりがなを用意することができます。

(1) Excelに名簿を直接入力した場合

この場合は、**名簿の表の部分を範囲選択してから「ホーム」タブにある「ふりがなの表示/非表示」ボタンをクリックします。**これだけで名前の上にふりがなが表示されます。Excelでは文字を入力したときのふりがなを覚えていて、その「よみ」がそのまま表示されるという仕組みです。

ふりがなの「よみ」が間違っているときは、**Alt+Shift+↑を押すとふりがな部分が編集可能になる**ので、正しい「よみ」を入力し直します。

(2) テキストファイルなどからコピペした場合

名簿のデータをExcelに直接入力せず、テキストファイルなどからコピペする場合があるでしょう。そのようなときはExcelはふりがなの情報を持っていません。その場合も**名前のセルを選択してAlt+Shift+↑を押します。**これだけでExcelが自動的に「よみ」を推測して、ふりがなを付けてくれます。多少の手直しは必要ですが、一から入力していくよりも圧倒的にラクで高速です。

ふりがなを表示する

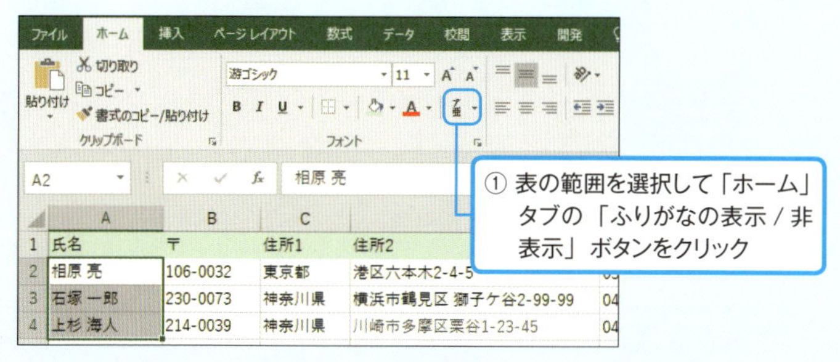

ボタンの右の▼から、ふりがなをひらがな・カタカナにする設定も可能

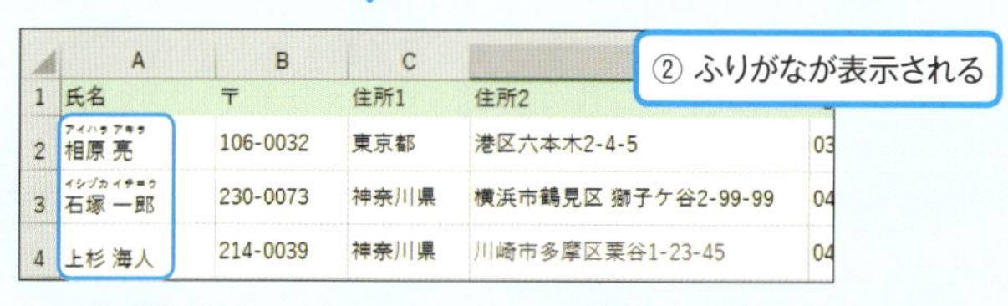

ふりがなが表示されていないのは、Excel に直接入力せずにコピペした項目

Alt + ⬆Shift + ↑ で自動的にふりがなが付けられる。間違っているときは直接入力して手直しする

別のセルにふりがなを表示したい場合

同じセルではなく別のセルにふりがなを表示したいときは、「PHONETIC」という関数を使います。A2 のセルに名前が入力されている場合は、「=PHONETIC(A2)」と指定します。

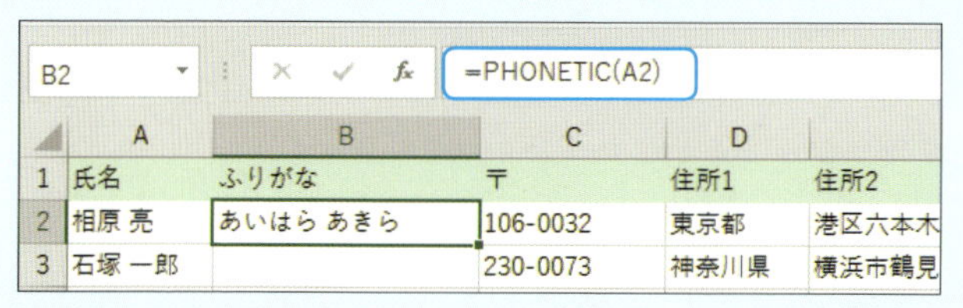

技 39 で紹介したオートフィルのワザと組み合わせれば、ふりがなの列を一気に作成することが可能

46 大量のデータを活用する方法

Excel の驚きの機能を使いこなそう

ここでは、Excel に集めた大量のデータを効率よく利用するための便利な機能をふたつ紹介します。**どちらも一瞬で使えるのに非常に強力です。** Excel は単なる表ではないことを実感することでしょう。

（1）見出し行・見出し列を固定する

大きな表を作っているときに、常に見出し行が表示されていれば、どの列が何であったかを確認するためにわざわざ上に戻る必要がありません。**固定させたい行･列のセルを選択して、「表示」タブ→「ウィンドウ枠の固定」→「ウィンドウ枠の固定」をクリック**すると、表がスクロールしても見出しが常に表示されたままになります。

（2）データを絞り込んで表示する

Excel の「フィルター」は、ある表のうち、たとえば担当者名が「田中」の行だけを抜き出したり、性別が「女」の行だけを抜き出したりといった具合に、表に入力されたデータを条件に、該当する行だけを抽出して表示する機能です。

使い方はとてもかんたん。**表内のセルを選択して「データ」タブ→「フィルター」をクリックします。これで見出し行にボタンが表示されるので、クリックしてフィルター条件を選ぶだけです。**

恥ずかしながら筆者はこれを知らずに特定の条件のデータを手作業で切り出していた過去があり、「それまでかけていた時間はなんだったのか…」と愕然としたことがあります。みなさんはそんなことがないように、ぜひフィルター機能を使いこなしてください。

20分短縮

ウィンドウ枠の固定とフィルター機能

見出し行・見出し列の固定

セルを選択して、「表示」タブ→「ウィンドウ枠の固定」→「ウィンドウ枠の固定」を選択

どのセルを選択すればどう固定されるかは、以下の図を参照

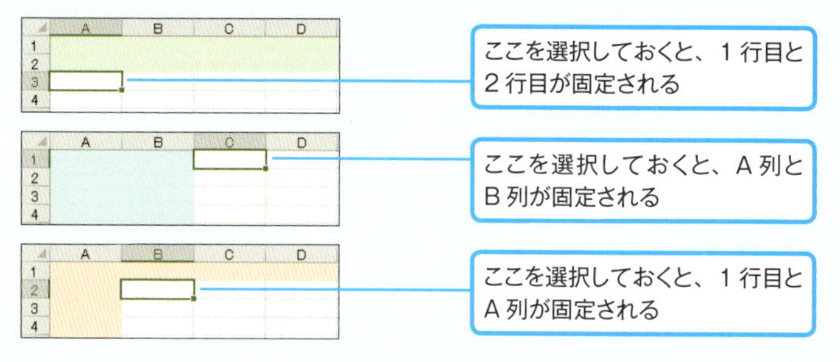

フィルター機能

表内のセルを選択して、「データ」タブ→「フィルター」をクリック

ボタンが表示されるので、条件を設定してフィルターする

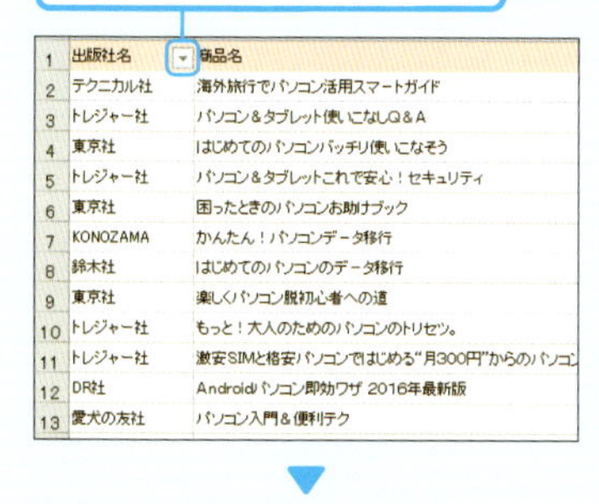

	出版社名	商品名
1	出版社名	商品名
2	テクニカル社	海外旅行でパソコン活用スマートガイド
3	トレジャー社	パソコン&タブレット使いこなしQ&A
4	東京社	はじめてのパソコンバッチリ使いこなそう
5	トレジャー社	パソコン&タブレットこれで安心！セキュリティ
6	東京社	困ったときのパソコンお助けブック
7	KONOZAMA	かんたん！パソコンデータ移行
8	鈴木社	はじめてのパソコンのデータ移行
9	東京社	楽しくパソコン脱初心者への道
10	トレジャー社	もっと！大人のためのパソコンのトリセツ。
11	トレジャー社	激安SIMと格安パソコンではじめる"月300円"からのパソコ
12	DR社	Androidパソコン即効ワザ 2016年最新版
13	愛犬の友社	パソコン入門&便利テク

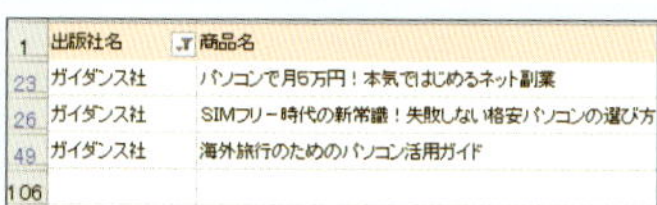

	出版社名	商品名
1	出版社名	商品名
23	ガイダンス社	パソコンで月5万円！本気ではじめるネット副業
26	ガイダンス社	SIMフリー時代の新常識！失敗しない格安パソコンの選び方
49	ガイダンス社	海外旅行のためのパソコン活用ガイド
106		

フィルター条件は自動的に作成される。チェックしたデータが含まれる行だけが表示されるようになる

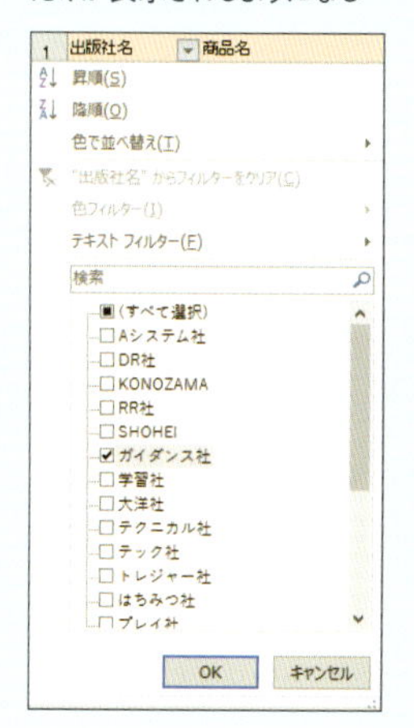

47 表の印刷で知っておきたいこと

改ページプレビューで思いどおりに印刷する

ここではExcelの印刷機能について紹介します。ここで紹介する機能を理解しておけば、表を効率よく印刷できるようになります。

(1) 表の一部だけを印刷する

表のどの範囲が印刷されるかは、**Alt→V→Pを押して改ページプレビューで確認できます。**青枠で囲まれたところが印刷範囲です。

表の一部だけを印刷したいときには、**その部分を選択状態にしてから、「ページレイアウト」タブにある「印刷範囲」→「印刷範囲の設定」をクリック**します。これでその部分だけが青枠で囲まれて、印刷されない部分がグレーになります。

これでCtrl+Pを押すと、設定した範囲だけが印刷されることが確認できる※ので、そのまま印刷します。

印刷範囲はシートに設定されたままになりますので、何度も印刷するシートも一度設定しておけばOKです。

(2) 大きな表の印刷

大きな表を複数ページで印刷するときは、改ページ位置を指定します。**Alt→V→Pを押して改ページプレビューを表示**すると、Excelが自動で設定している改ページ位置（点線）が確認できますので、**ドラッグして調整**します。

なお、改ページ位置を自分で挿入することもできます。やり方は、行や列を選択してから右クリックして、メニューから「改ページの挿入」を選択します。この場合は実線で改ページが挿入されます。

※ Excel 2007では Ctrl + F2 で印刷プレビューを表示します。

改ページプレビューを活用する

Alt → V → P を押して改ページプレビューを開く

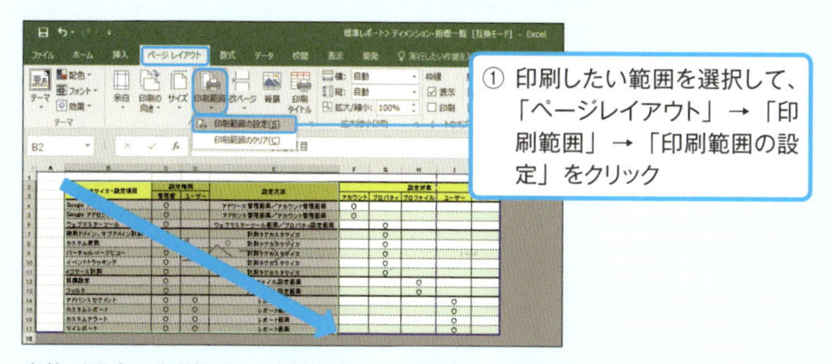

① 印刷したい範囲を選択して、「ページレイアウト」→「印刷範囲」→「印刷範囲の設定」をクリック

青枠が現在の印刷範囲。点線が改ページ位置で、ドラッグして調整可能

▼

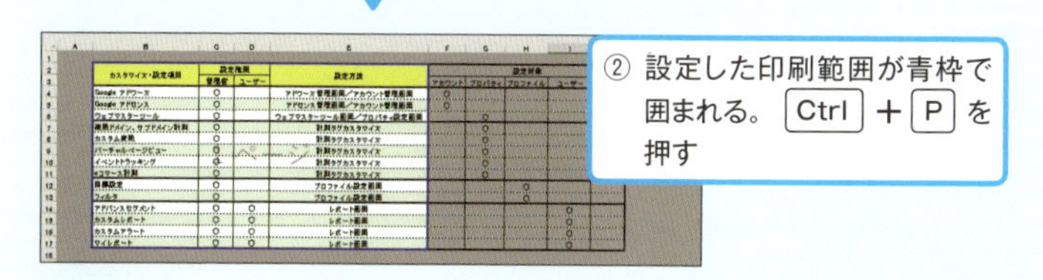

② 設定した印刷範囲が青枠で囲まれる。Ctrl + P を押す

▼

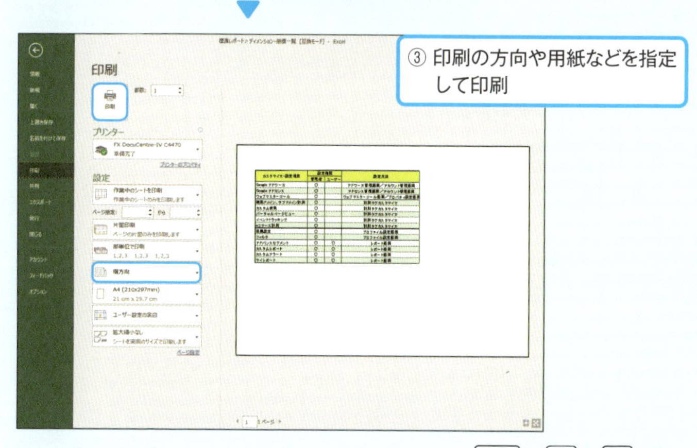

③ 印刷の方向や用紙などを指定して印刷

なお、改ページプレビューから標準ビューに切り替えるには Alt → V → N を押すと効率がいい

5章

伝わる文書が短時間で仕上がる

忙しくても資料やスライドはきっちり仕上げたい。

そのための秘訣のひとつは、いきなりパソコンに向かって作り始めないことです。資料やスライドは中身があってこそ。最初は紙を使って内容を練り、下書きを作成します。準備がしっかりできたら、そこからはWordやPowerPointの出番です。

中身を練るのに時間をかけたら、仕上げには時間をかけていられません。WordやPowerPointの使い勝手の悪い機能はオフにしたり、文書内で使う既定フォントの大きさを先に決めておいたり、事前に準備をしておきましょう。

また、資料やスライドでは、「わかりづらい」という印象を与えないように、読みやすさや見やすさも重視されます。本章を通じて、書式を整理したり、誤字脱字をなくしたり、または図形をきっちり揃えたり、伝えたいことを効果的に伝えるための基本ワザもマスターしましょう。

48 自動バックアップは標準のまま使わない

すべてのOfficeソフトで最初に絶対に行うべき設定

「ファイルを保存する前にパソコンが固まった！」
「うっかり保存しないで終了してしまった……」

このようなトラブルやミスは、いつ発生するかわかりません。そのため、**パソコンで仕事をする際には、Ctrl＋Sをこまめに押して、作業内容を上書き保存するのが鉄則です。**せっかく書き上げた内容を失う悲劇は絶対に避けたいものです。

しかし、気をつけていてもミスは起こるもの。そこで**万が一のために行っておきたい設定**があります。

Office ソフト（Excel、Word、PowerPoint）には、バックアップからの回復機能があります。定期的に回復用のデータを自動保存することで、アプリが強制終了しても、バックアップデータから復元することができる仕組みです。

ところが初期状態では、自動保存の間隔が「10 分」に設定されています。つまり**最大で 10 分間の作業が無駄になる恐れがあります。**Office ソフトを使い始める前に、この設定を必ず変更してください。

Word の場合は、**「ファイル」タブの「オプション」を選択して、Word のオプションから設定します。「保存」の項目にある、自動回復用データの保存間隔を「1 分」に変更します。**

この設定は Excel も PowerPoint も同様に行えます。この機会にすべての Office ソフトの設定を変更しておきましょう。

自動回復用データの保存間隔を変更する

自動回復用データの保存間隔の設定

「ファイル」→「オプション」で「（アプリ名）のオプション」を開く

Office 2007 では Office ボタン→「（アプリ名）のオプション」

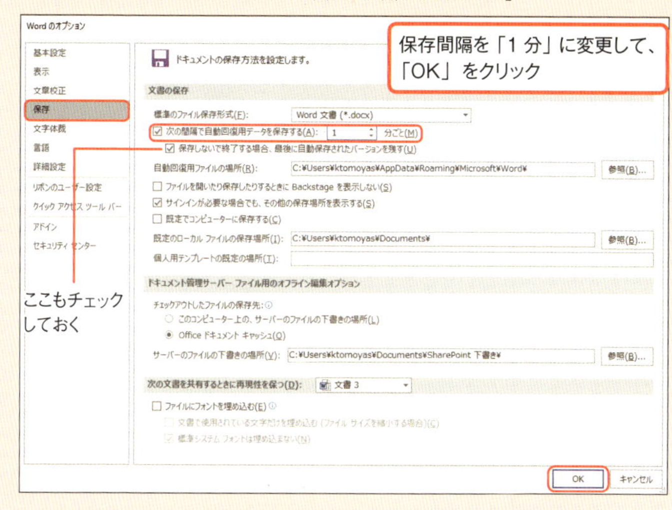

自動回復用データからの回復（Word 2016 の例）

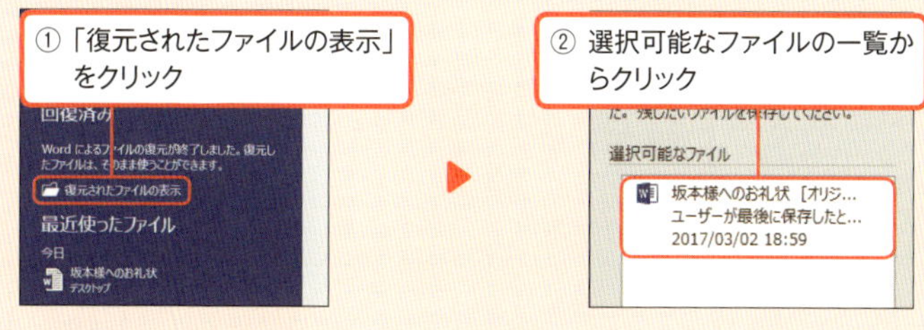

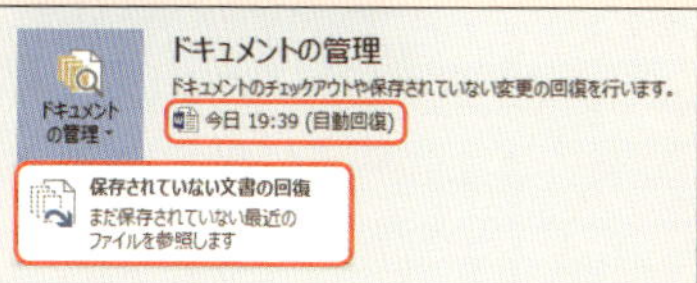

「ファイル」→「情報」の「ドキュメントの管理」から、作業中の文書を前の状態に戻したり、保存されていない文書を回復したりすることもできる

49 Wordのおせっかいをやめさせる

Wordを使うなら最初に必ず設定しておこう

Wordには、文章の入力中に、英単語のつづりを自動的に修正したり、文の先頭のアルファベットを大文字にしたり、URLを書いたら自動的にリンクを張ったりする機能があります。**しかし、この機能がほとんどの場合は無駄で、ストレスのもとです。**

入力した文章を勝手に変更されて、わざわざ手直しをするなんて、あまりに面倒で、時間がもったいなさすぎます。場合によっては、文章がこっそり変更されたことに気づかず、意図しないものになってしまうこともあります。そんなストレスのたまる状況を避けるため、Wordを利用するにあたっては、最初にこの「おせっかい」な機能をオフにしましょう。**これはほとんどの人にとって必須の設定です。みなさんもぜひ実行してください。**

やり方は、次のとおりです。

Alt→T→Aの順に押して、オートコレクトの設定画面を表示します。ここで、**「入力中に自動修正する」のチェックを外します。**これで入力したつづりを勝手に変更されることはなくなります。ほかにも英文関係のオートコレクトの設定がありますが、必要なければすべてチェックを外してもよいと思います。

もうひとつ、**「入力オートフォーマット」の設定も行います。**「・」や数字を入力したあとにスペースを入れると勝手に箇条書きにしたり、URLに勝手にリンクを張ったりする機能がここにあります。**筆者はすべてのチェックを外しています。**

オートコレクトの設定を変更する

Alt→T→Aの順に押して、オートコレクトの設定画面を表示

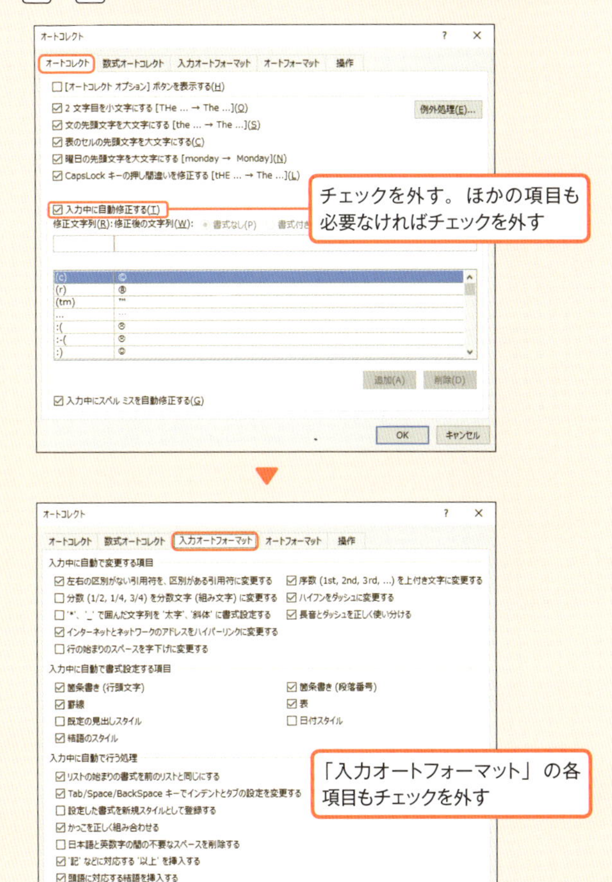

(参考)「入力オートフォーマット」と似た名前の「オートフォーマット」タブの項目は、クイックアクセスツールバーの「オートフォーマット」コマンドを実行したときに適用されるものなので、手をつけなくて大丈夫

50 フォントサイズをもっと気軽に整える

資料の作成が劇的にはかどるショートカットキー

仕事の資料を作成する際には、伝えたいメッセージが相手に正しく伝わることが何より重要です。そのための基本的なテクニックとして、タイトル、見出し、本文のフォントサイズを変えるという方法があります。それぞれのテキストの役割に合わせて、文字にコントラストをつけていくことで、情報が階層化されて、読み手は情報を正しく受け取れるようになります。

Word と PowerPoint でフォントサイズを変更するときは、**該当する文字列を選択してから Ctrl ＋ Shift ＋ > または < を押します。**1 回押すたびに、フォントサイズを 1 段階大きく（小さく）できます（残念なことに、Excel では使えません）。

ポンポンポンと、キーを何回か押すだけで、自由自在にサイズを調節できます。メニューからサイズを変更する方法だとかなりマウスを使わなくてはなりませんが、この方法ならフォントサイズを何度でも気軽に調整できるようになり、資料作成が大変はかどります。ぜひみなさんに活用してほしいワザです。

ただし、この方法では、フォントサイズが 12、14、16、18…という具合にとびとびに変化します（メニューと同じです）。**1 ポイントだけ大きく（小さく）したいというときには、Ctrl ＋] または [で調整します。**押すたびに、フォントサイズが 1 ポイントずつ大きく（小さく）なります。こちらのワザは非常に残念なことに Word 限定です。

05分短縮

ショートカットキーでフォントサイズを変更

出版企画書

■タイトル案（仮）

【イラスト図解式】

この一冊で全部わかるプログラミングの基本

・知識ゼロから全体像がつかめる
・よく使われる用語の意味がわかる
・技術のしくみがスムーズに学べる
・実務で生かせる知識が確実に身につく

① フォントサイズを大きくしたい文字列を選択して、Ctrl＋⬆Shift＋>を押す

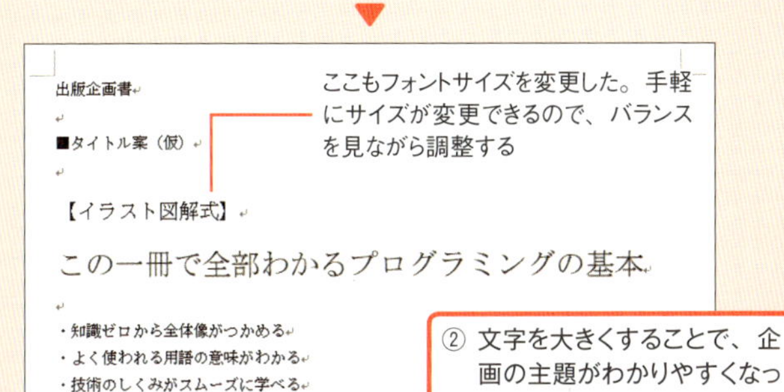

ここもフォントサイズを変更した。手軽にサイズが変更できるので、バランスを見ながら調整する

② 文字を大きくすることで、企画の主題がわかりやすくなった

フォントサイズを変更するショートカットキー

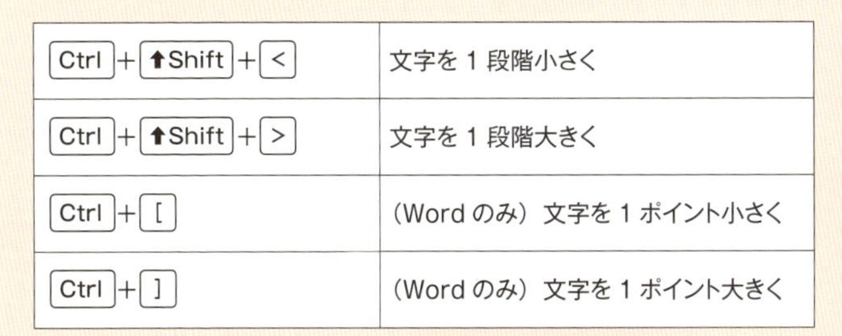

キー	操作
Ctrl＋⬆Shift＋<	文字を 1 段階小さく
Ctrl＋⬆Shift＋>	文字を 1 段階大きく
Ctrl＋[	（Word のみ）文字を 1 ポイント小さく
Ctrl＋]	（Word のみ）文字を 1 ポイント大きく

PowerPoint では 1 ポイントずつのショートカットキーは使えないので、メニューに数値を入力する。
小数点以下の数値も入力可能

アニメーション　スライド ショー
MS P明朝　30

51 文書の表現力を一気に高める方法

下線と太字で文書の完成度を上げる

下線と太字のたったふたつを使うだけで、文書の表現力・完成度は一気に上がります。

下線の一般的な使い方は、相手に注目してほしいところに引いて、伝えたいメッセージを明確にするということです。議事録などを作るとき、重要なところに線を引くのに便利に使うことができます。読書しながら重要なところに線を引くのと同じ感覚で使うわけです。

下線は見出しの飾りなどにも使うことができます。このことからもわかるように、下線はかなり強い強調なので、文章中に使いすぎると読みづらくなってしまう場合があります。そのため、下線は本当に重要なところだけに使うようにします。

文章中でやや強めに（声を大にして）伝えたい部分に対しては、太字を使うことが有効です。太字は下線ほどは目立ちませんが、とくに長い文章の場合、ポイントとなる部分を太字にすることで読者に読みやすい印象を与えることができます。

Office ソフト（Excel、Word、PowerPoint）では、Ctrl＋Uで下線が引けます。太字はCtrl＋Bです。Uは Underline の U、Bは Bold の B ですので覚えやすいでしょう。

ショートカットキーなら、文章を読みながら下線と太字を手軽に加えていくことができます。ぜひ活用してください。

05分短縮

下線と太字を手軽に加える

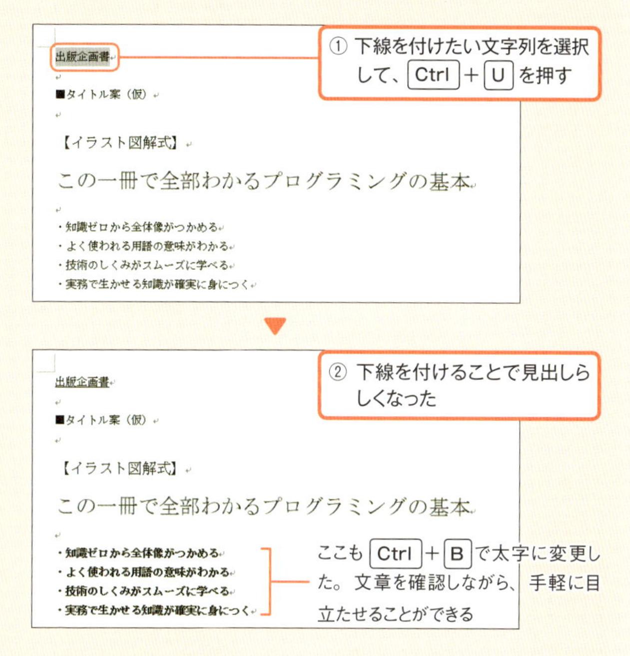

（参考）最適なフォントを選ぶ

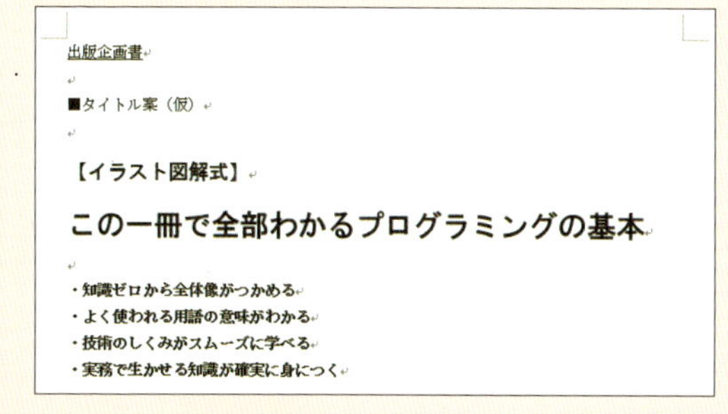

タイトルを「HG ゴシック E」に変更した例。視認性が上がり、ポップな印象になった。
ひとつの文書に使用するフォントは 2 ～ 3 種類に抑えるのが基本。
資料に使う定番フォントを何種類か決めておくとよい

52 文書のデザインを効率よく行う

文字揃えと書式の削除の超速ワザ

ここではWordでの文書のデザイン・レイアウトに便利なショートカットキーを紹介します。技50、技51と組み合わせることで、美しい文書を時間をかけずに作成できるようになります。

(1) 左揃え／中央揃え／右揃え

文字列を選択して**Ctrl+Lで左揃え、Ctrl+Eで中央揃え、Ctrl+Rで右揃え**となります。Left、Rightの頭文字、Centerの2文字目と思えば覚えやすいでしょう。

文字列の揃えを元に戻すにはCtrl+Qを押します。

文書作成の最後に、文書の一部を中央揃え、右揃えにすると、見栄えがぐっとよくなりますので、これらのワザをぜひ活用してください。あまり難しく考えずに、以下のようにすれば十分です。

中央揃えはとくに注目を集めたいメインタイトル、文章の大きな区切りなどで使います。右揃えにするのは文書の作成日や作成者といった内容以外の情報、または最後の署名などです。

(2) 書式の削除

文字列を選択して**Ctrl+Spaceを押すと、フォントの種類やサイズ、色、アンダーライン、太字などの書式をまとめて削除**する（規定値に戻す）ことができます。あとから見返して書式を取り消したくなったときに有効です。

文書のデザインを整える

文字揃えの変更

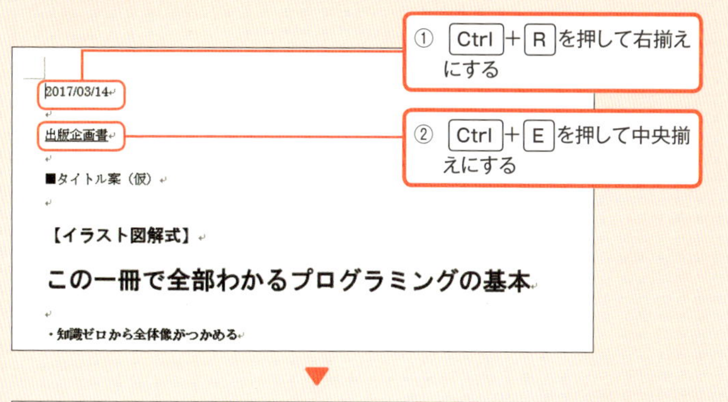

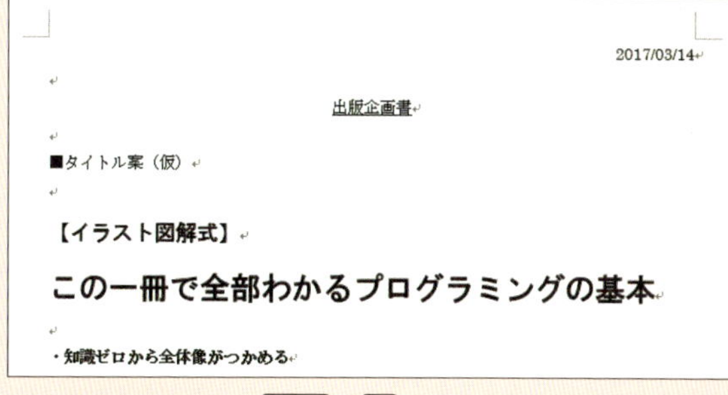

文字揃えを元に戻すには Ctrl + Q を押す

書式の削除

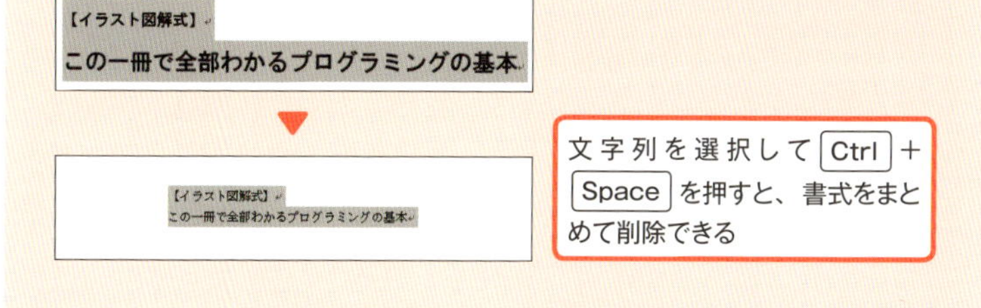

53 初期のフォントは自分の好きなものに

フォントサイズを標準の10.5ポイントのまま使わない

技50ではショートカットキーを使ってフォントサイズを変更する方法を紹介していますが、**そもそもWordで作る文書のフォントサイズは小さすぎる**と感じたことはないでしょうか？

Wordのフォントサイズは10.5ポイントが標準です。半端な数字なのは、明治から昭和にかけて使われてきたタイプライターの標準的な文字サイズに合わせたものだからです。

しかし、今となっては、このサイズを基準にする必要はまるでありませんよね。実際、50代以上の人の中には**10.5ポイントだと文字が小さすぎて読みづらいと感じる人も多々います。**高齢化社会へまっしぐらの現代では、提出する企画書や報告書などは少し大きめのフォントサイズで作成したほうが、多くの人に読みやすいと感じてもらえるはずです。

とはいえ、**文書を作成するたびにフォントサイズを変更するのは時間の無駄です。**最初からよく使うフォントサイズになるように、Wordの設定を変更しましょう。

やり方は、まず **Ctrl + D を押して、フォントのダイアログを表示**します。そして**好きなフォントサイズに設定して、「既定に設定」をクリック**します。これだけです。以降は、新規文書を作成したときの本文のフォントサイズが設定したサイズに変更されます。

なお、設定するフォントサイズは11～12ポイントがおすすめです。Wordでは14ポイントにすると急に行間が広がってしまいます。

新規作成したときのフォントサイズを設定

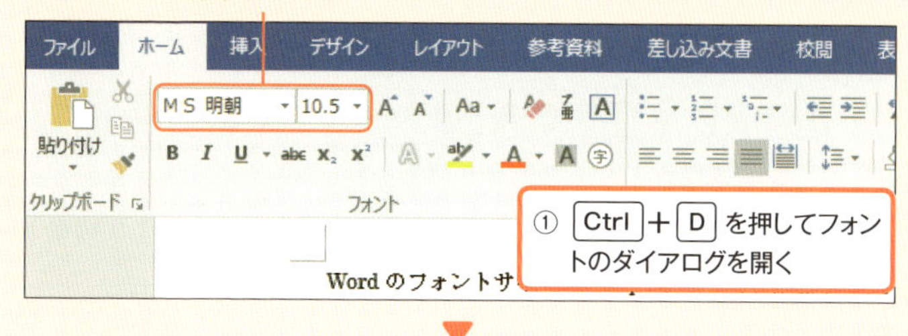

フォント ? ×

フォント　詳細設定

日本語用のフォント(T):　MS Pゴシック

英数字用のフォント(F):　+本文のフォント

スタイル(Y):　標準　標準　斜体　太字

サイズ(S):　12　10.5　11　12

すべての文字列

フォントの色(C):　自動　下線(U):　(下線なし)　下線の色(I):　自動　傍点(;):　(傍点なし)

文字飾り

□取り消し線(K)　□影付き(W)

□二重取り消し線(L)　□中抜き(O)

□上付き(P)　□浮き出し(E)

□下付き(B)　□浮き彫り(G)

プレビュー

Word

TrueType フォントです。印刷と画面表示の両方で使用されます。

既定に設定(D)　文字の効果(E)...　OK　キャンセル

② フォントサイズを設定して、「既定に設定」をクリック

Microsoft Word

既定のフォントを MS Pゴシック, +本文のフォント (Century), 12 pt に設定する対象:

○この文書だけ(T)

◉Normal テンプレートを使用したすべての文書(A)

OK　キャンセル

③ すべての文書を対象にして、「OK」をクリック

以降は文書を新規作成すると、既定のフォントサイズが変わる。
同様に、標準で使うフォント（書体）も設定しておくとよい

54 単語・行・段落を一瞬で選択する

キーボードとマウスを状況に応じて使い分ける

ここでは、文章を作成するときに便利な、「単語・行・段落を選択する」操作を紹介します。これは Word に限定したワザではなく、多くのアプリで使えます。文章の作成が速い人は、この操作が本当に速いです。

(1) キーボードで選択

Shift を押しながら ← → **を押すと、カーソルの前後にある文字を次々に選択できます。また、Shift を押しながら ↑ ↓ **を押すと、カーソルのある場所を基点に前後の行を選択できます。

この方法は、**行の先頭にカーソルを移動する Home と、行の末尾にカーソルを移動する End **との組み合わせが非常に強力です。まず Home や End で行頭・行末にカーソルを移動します。そして、Shift +↑もしくは↓で行を選択していきます。プロのライターや編集者も原稿整理に使うワザで、文章の作成が圧倒的に速くなります。ぜひお試しください。

(2) マウスクリックで選択

文章を書きながらであればキーボードを使った選択がおすすめですが、そうでないならマウスを使った選択のほうが速い場合もあります。単語や段落の選択はマウスが一番高速です。

選択したい**単語の上でマウスをダブルクリック**すると、単語が即座に選択されます。**トリプルクリック**すると、今度は段落全体が選択状態になります。状況に応じてうまく使い分けてください。

05分短縮 文字列の選択を極める

キーボードで選択

新春の候、時下ますますご清祥のこととお慶び申し上げます。平素は格別のお引き立てにあずかり、厚く御礼申し上げます。
さて、弊社ではこのたび長年のお客様のご愛顧にお応えするために特別セールを開催することとなりました。弊社の人気定番商品から、この春を先取りした新作まで、これまでにないご奉仕価格でご提供させていただきます。今回は、会員のお得意様のみへのご案内ですので、どうぞこの機会をお見逃しなく、ご来場くださいますよう心よりお待ち申し上げております。

① ⇧Shift ＋ → で文字列を選択

② さらに ⇧Shift を押したまま ↓ で行が選択される

新春の候、時下ますますご清祥のこととお慶び申し上げます。平素は格別のお引き立てにあずかり、厚く御礼申し上げます。
さて、弊社ではこのたび長年のお客様のご愛顧にお応えするために特別セールを開催することとなりました。弊社の人気定番商品から、この春を先取りした新作まで、これまでにないご奉仕価格でご提供させていただきます。今回は、会員のお得意様のみへのご案内ですので、どうぞこの機会をお見逃しなく、ご来場くださいますよう心よりお待ち申し上げております。

マウスクリックで選択

ダブルクリックで単語を選択

新春の候、時下ますますご清祥のこととお慶び申し上げます。平素は格別のお引き立てにあずかり、厚く御礼申し上げます。
さて、弊社ではこのたび長年のお客様のご愛顧にお応えするために特別セールを開催することとなりました。弊社の人気定番商品から、この春を先取りした新作まで、これまでにないご奉仕価格でご提供させていただきます。今回は、会員のお得意様のみへのご案内ですので、どうぞこの機会をお見逃しなく、ご来場くださいますよう心よりお待ち申し上げております。

トリプルクリックで段落を選択

新春の候、時下ますますご清祥のこととお慶び申し上げます。平素は格別のお引き立てにあずかり、厚く御礼申し上げます。
さて、弊社ではこのたび長年のお客様のご愛顧にお応えするために特別セールを開催することとなりました。弊社の人気定番商品から、この春を先取りした新作まで、これまでにないご奉仕価格でご提供させていただきます。今回は、会員のお得意様のみへのご案内ですので、どうぞこの機会をお見逃しなく、ご来場くださいますよう心よりお待ち申し上げております。

左の余白をクリックして 1 行選択することもできる

新春の候、時下ますますご清祥のこととお慶び申し上げます。平素は格別のお引き立てにあずかり、厚く御礼申し上げます。
さて、弊社ではこのたび長年のお客様のご愛顧にお応えするために特別セールを開催することとなりました。弊社の人気定番商品から、この春を先取りした新作まで、これまでにないご奉仕価格でご提供させていただきます。今回は、会員のお得意様のみへのご案内ですので、どうぞこの機会をお見逃しなく、ご来場くださいますよう心よりお待ち申し上げております。

55 文章の誤字脱字を見逃さない

表記ミスを見つける仕事はパソコンに任せよう

仕事で文章を書くときには、**誤字脱字を減らすことがとても大切です。**単純に恥ずかしい思いをするだけでなく、読み手は誤字脱字が気になると文章の中身に集中できなくなってしまいます。内容以外のところで評価を下げることは避けたいですよね。

かといって、ミスのない文章を作るために何度も読み直していては時間がいくらあっても足りません。

そこで、ぜひ活用したいのがWordの校正機能です。これを使うと、「、、」のような読点の連続や、「Windows」を「Widows」に間違えるといった単純なミスを見落とすことがなくなります。とくにこのような細かいミスは、**コンピューターがチェックするほうが目視で確認するよりもはるかにラクで、確実です。**

Wordで校正機能を使うには、F7を押します。これだけで、文章全体にわたって誤字脱字や表記のゆれなどがないか一瞬でチェックできます。間違った「〜たり」の使い方や、「ら」抜きことば、「の」の連続など、普段よく使ってしまう表現についても指摘されますので、必要に応じて修正することができます。

ただし、Wordの校正機能で完全にミスがなくせるわけではなく、最終的なチェックが必要なことには注意してください。文章を書き上げたら、先にWordで校正をかけて、そのあとに落ち着いて文章を見直します。そうすることで、**細かいミスに気を取られることなく、文章のクオリティアップに時間を使うことができるでしょう。**

文章の表現や間違いをチェックする

文章を校正する

F7 を押して文章校正を実行

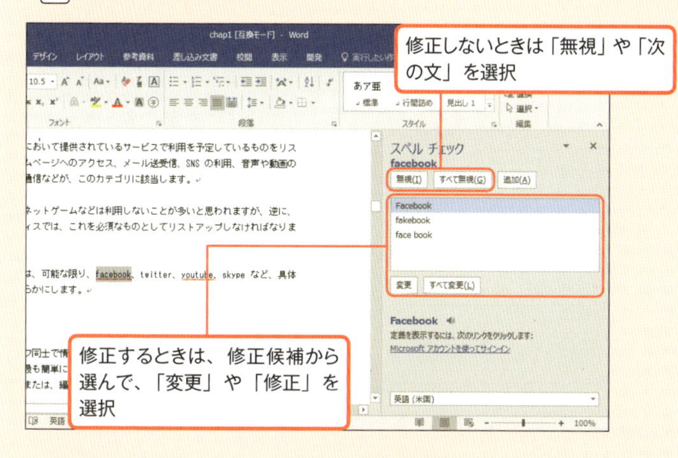

（これも使える!）文章校正時に登録商標をチェックする

「ファイル」→「オプション」で Word のオプションを開き、「文章校正」→「設定」をクリックして「文章校正の詳細設定」を開く

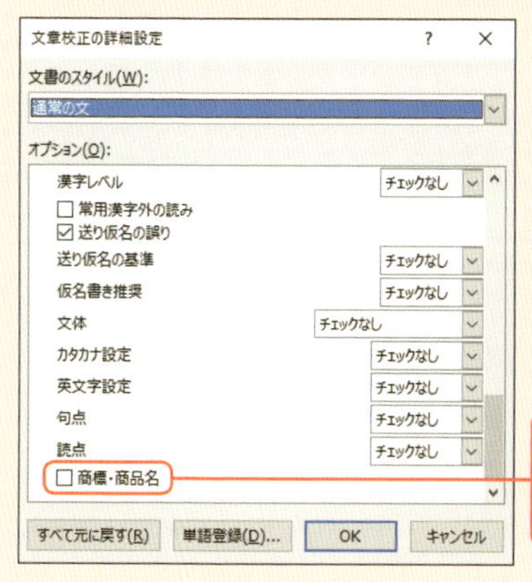

「文章校正の詳細設定」では、文体（だ・である、です・ます）や、英文字の半角・全角のチェックなども設定できる。必要な項目にチェックしておこう

「宅急便」「サランラップ」など、登録された商標や商品名をあるていどチェックできる

56 図形を均等間隔で並べるには

スライド作成で絶対に使ってほしい繰り返しのワザ

美しいスライドを作るための大事な基本が、「**図形（オブジェクト）を揃える**」ことです。図形が規則正しく整列しているだけで、見る人に整然とした美しさを感じさせることができます。反対に、図形を並べる際に、左右が微妙にズレたり、均等な間隔で並んでいなかったり、形やサイズが異なっていたりすると、雑でだらしないマイナスの印象を与えてしまいます。

少しなら大丈夫だろうと油断してはいけません。**人間はズレには非常に敏感で、ほんの少しのズレでも気づかれてしまいます。**

しかし、美しいスライドを作るといっても、もちろん時間をかけてはいられません。そこで、図形を規則正しく並べるために、絶対に覚えておいてほしいワザがあります。作業手順は次のとおりです。

まずは**基本となる図形を用意し、Ctrlと Shiftを押しながらドラッグ**して、中心軸をずらさずにコピーします。このときに**図形の間隔をちょうどいい具合に調整しておきます。**

続いて、F4を押します。これは Office ソフト共通の繰り返しのショートカットキーです。これだけでなんと、**ひとつ目とふたつ目の図形と同じ位置関係で、３つ目の図形が複製される**のです。F4を押すたびに 4 つ目、5 つ目の複製が作られ、すべての図形が同じ間隔で並びます。

このワザは Excel でも使えます。美しい資料をすばやく作成するために、ぜひ使いこなしてください。

図形を均等間隔で複製する

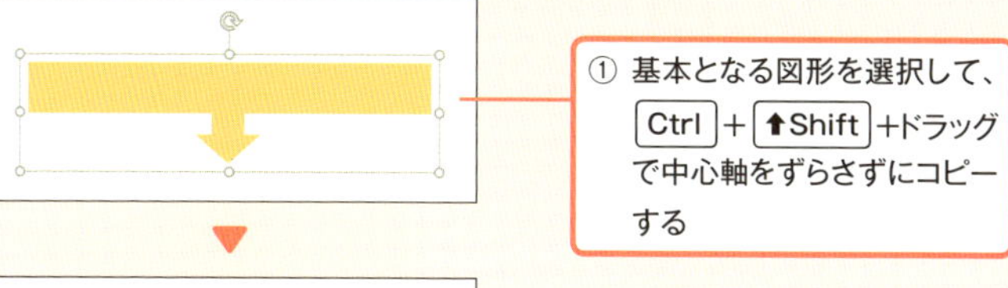

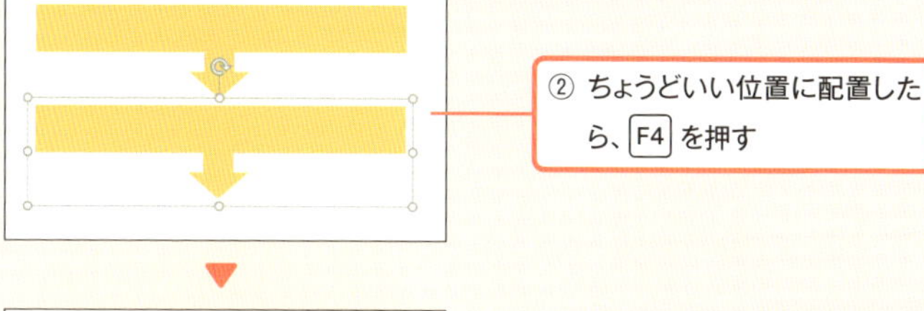

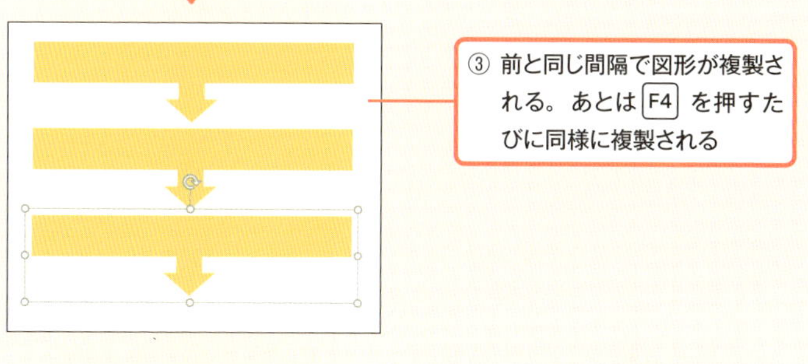

必要なだけ繰り返して複製する。
この例では四角形と矢印を組み合わせているので、一番下の矢印は削除して完成。
なお、縦方向だけでなく、横方向にも同じように均等に複製できる

57 図形を正確に移動・描画するには

Shift と Ctrl を使って正確に作図する必修ワザ

技56で説明したとおり、Officeソフトで図を作成するときには図形を揃えることがとても大切です。そこで、ここでは図形の形や位置をきっちり揃えるための、一番効率のいい方法を紹介します。どれもすばやい資料作成には欠かせない必修ワザです。

(1) 正方形や正円を描画

図形描画のアイコンを選び、Shiftを押しながらドラッグすると、正方形や正円を描画できます。また、**アイコンを選び文書をクリック**するだけでも描画できます。

(2) 図形の比率を保ったまま拡大・縮小

図形の四隅に表示されているハンドルをShiftを押しながらドラッグすれば、縦横比を保ったままサイズだけ拡大・縮小できます。

(3) 上下左右対称に図形を変形

図形の四隅に表示されているハンドルをCtrlを押しながらドラッグすると、上下左右対称に図形を変形できます。図形の中心軸をずらさずに変形したいときに便利です。

(4) 図形の軸を固定したまま移動

Shiftを押しながらドラッグすると、図形の中心軸を固定したまま上下左右に移動できます。Ctrlと組み合わせれば、元の図ときれいに揃えた位置にコピーすることもできます。

もうひとつ、**Shiftを押しながら回転**すると、角度が15度ずつに固定され、90度などのきっちりした角度に回転しやすくなります。

05分 短縮

図形の描画に ⬆Shift と Ctrl を使う

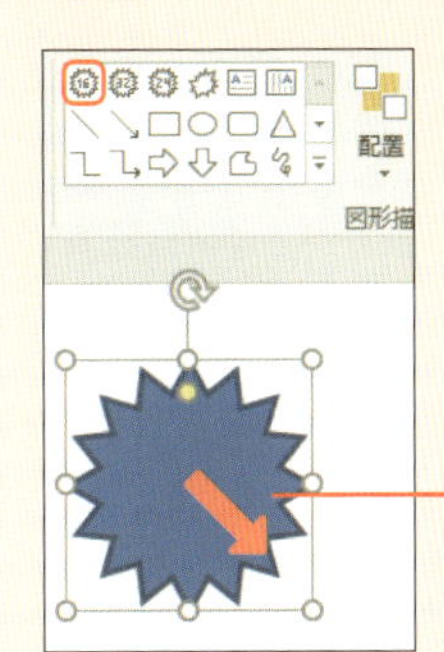

図形描画のアイコンを選択して、⬆Shift を押しながらドラッグすると正方形や正円が描ける

⬆Shift を押しながら四隅のハンドルをドラッグすると、縦横比を保ったまま拡大・縮小できる

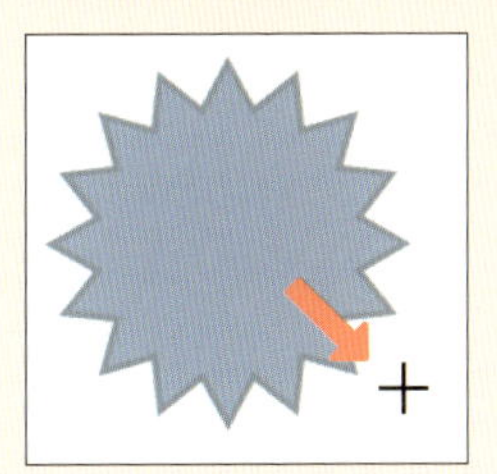

Ctrl を押しながら四隅のハンドルをドラッグすると、中心軸を保ったまま変形できる

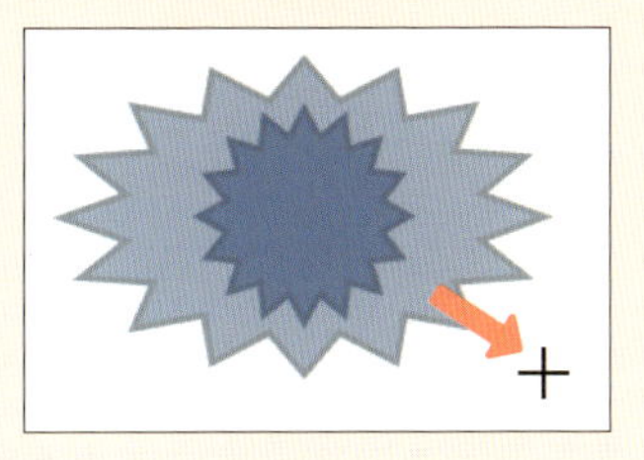

⬆Shift を押しながらドラッグすると、中心軸を固定したまま上下左右に移動できる

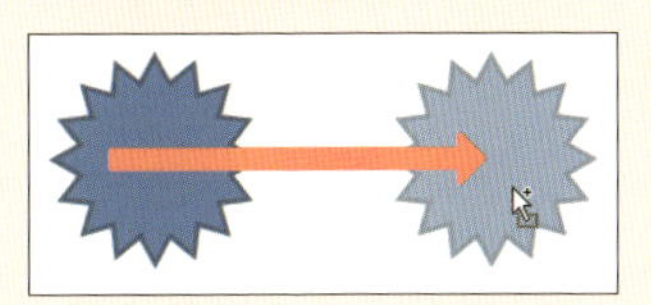

Ctrl と組み合わせると中心軸をずらさずにコピーできる

⬆Shift を押しながら回転すると、15 度ずつきれいに回転できる

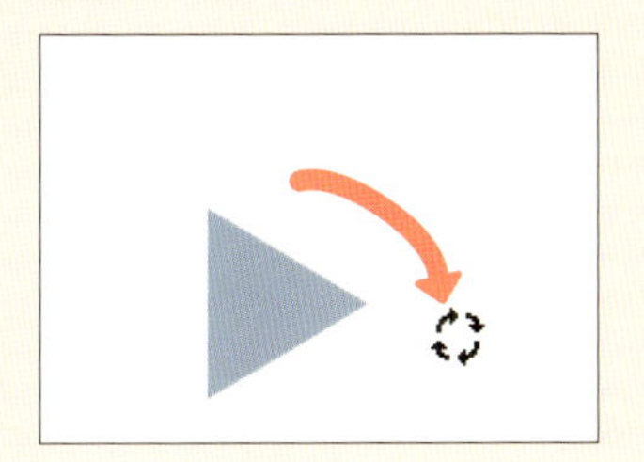

58 巨大なファイルを一気に小さくする

写真や画像を貼った資料に効果絶大

仕事の資料を作成する際に、Officeソフト（Excel、Word、PowerPoint）に写真を何枚も貼り付けていて、「**ファイルサイズがとんでもなく大きくなってしまった！**」という場合があると思います。

このような場合、写真の画質が重要な場合を除いて、**巨大なファイルをそのままにしておいてはいけません。**巨大なファイルは開くにも保存するにも時間がかかり、また、外部の人に送るにも一苦労です。しかしやっかいなことに、写真を貼り付けたOfficeソフトのファイルは、zipで圧縮してもあまりサイズが小さくなりません。

そこで、そんなときは、**画像を貼り込んだファイルのサイズを一瞬で小さくする「画像の圧縮」機能**をぜひ活用してください。この機能の効果は劇的で、ファイルサイズを10分の1以下まで減らせることもあります。圧縮すれば画質は劣化してしまいますが、圧縮後の画質で十分である場合がほとんどです。

画像の圧縮は、**「名前を付けて保存」のウィンドウ**から利用できます。**「ツール」→「画像の圧縮」をクリックするとダイアログが開くので、「オプション」ボタンを押して画像の品質を選択します。**「印刷用」「Web」「電子メール用」などから選ぶことができます。どれだけ圧縮されるかはデータによってまちまちですが、「印刷用」を選んだとしても、かなり圧縮される場合もあります。「OK」をクリックして処理を行い、最後にファイルを保存して完了です。

画像の圧縮機能を使う

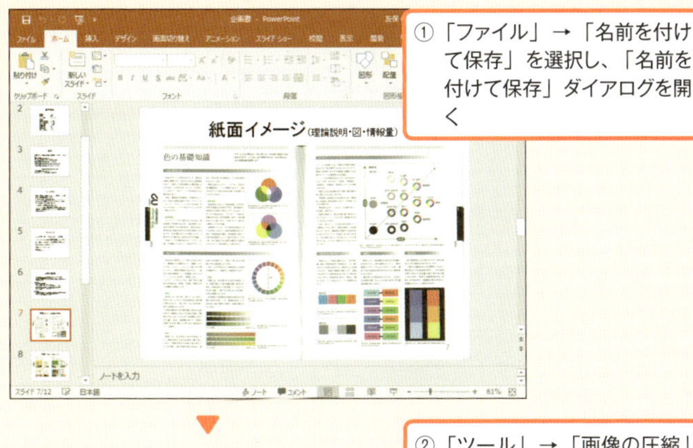

①「ファイル」→「名前を付けて保存」を選択し、「名前を付けて保存」ダイアログを開く

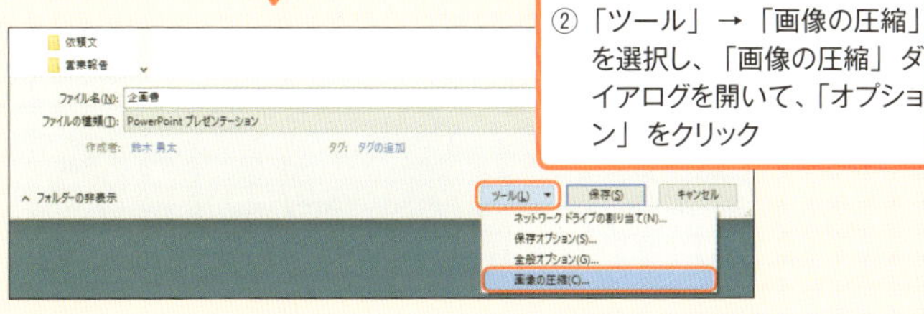

②「ツール」→「画像の圧縮」を選択し、「画像の圧縮」ダイアログを開いて、「オプション」をクリック

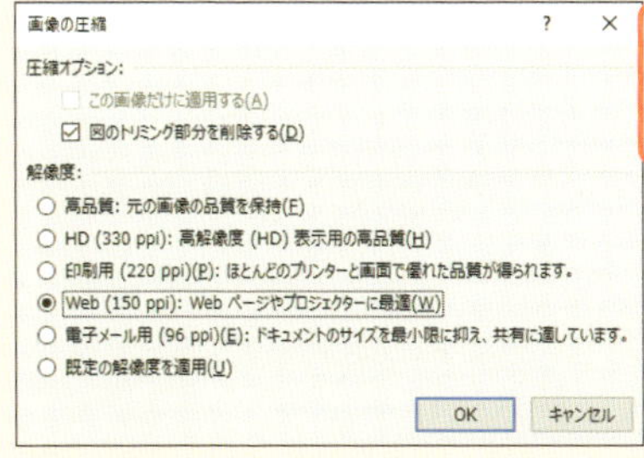

③解像度を選択して「OK」をクリック。あとはファイルを保存して完了

どれだけ圧縮されるかは使われている画像によって異なり、色数が多いほど効果がある。今回試したデータでは次のように「Web」で大幅に圧縮された。

元：8.32M バイト　印刷用：7.03M バイト　電子メール用：1.00M バイト
HD：8.32M バイト　Web：1.89M バイト

6章

メールの処理が
あっという間に終わる

おそらくみなさんは毎日、かなりの時間をメールを読んだり書いたりする時間にあてていることでしょう。少しでも放っておくと、受信トレイはあっという間にメールの山で埋もれてしまいます。

一日にたくさんのメールをやりとりするには、まとまった時間や労力が必要と考えがちです。しかし、実はメールにかける時間を短くする方法はたくさんあります。

同じようなメールを書くことが多いなら、テンプレート化して最短の手順でメールを送信できるようにしましょう。また、読むべきメールとスルーしてもよいメールを分別すれば、メールのほとんどは読まないで済みます。検索機能を使えば、とくに重要な相手のメールを取り出しやすく整理したり、必要なメールだけ取り出したりできます。

本章では、今まで慣れ親しんだ方法を少し変えることで、メールの処理を想像以上に短縮するワザを紹介します

59 大量のメールをすばやく処理する

速いうえにミスをなくす、Space と Insert のワザ

仕事のメールから購読しているメルマガまで、毎朝届く**大量のメールを一気に処理するための、とてもよい方法があります。**メールに時間をとられてしまっていたり、もっとうまい処理方法はないかとお探しの方は、ここで紹介する方法を試してみてください。

実はOutlookには、メールを次々に読むことができる機能が用意されています。それは**Spaceを連打する**ことです。

Spaceを押すと、メールの本文部分が1ページ分スクロールします。最後まで表示されると次のメールに移動して、同じ動作を繰り返します。つまりSpaceを連打するだけで、受信トレイに届いたメールを次々に読んでいくことができるのです。マウスでクリックするのと比べて腕も疲れず、片手でスイスイ処理していくことができます。

メールを読みながら、返信が必要なメールや、あとで読み返したいメールが出てきたら、**Insertを押してフラグを付けておきます。**フラグを付けると、受信トレイの旗のアイコンが赤くなり、処理すべきメールが一目瞭然です。用件が終わったら、もう一度Insertを押すとフラグが外れます。**大事なメールに返信し忘れるといったミスを防ぐことができます**ので、ぜひ使いたい機能です。

このようにたくさんのメールを読みながら、アクションの必要なメールにフラグを付けていくだけでも、大切なメールを埋もれさせずにすばやく処理できるようになります。

05分短縮

メールを次々に処理する

メールを次々に読む

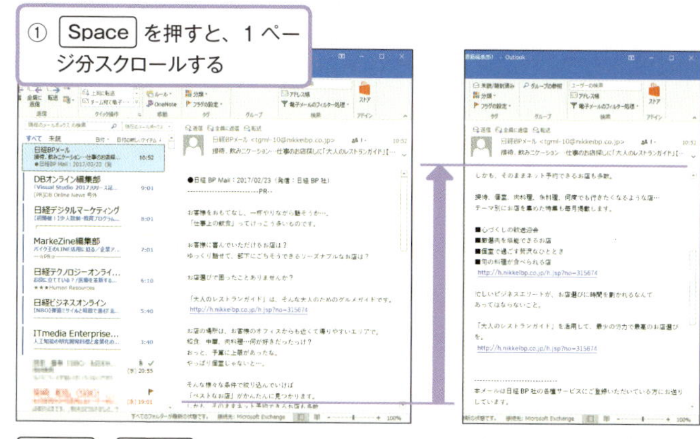

Shift + Space で逆方向にスクロールできる

② メールの最後まで表示されて、さらに Space を押すと、次のメールに移る

メールにフラグを付ける

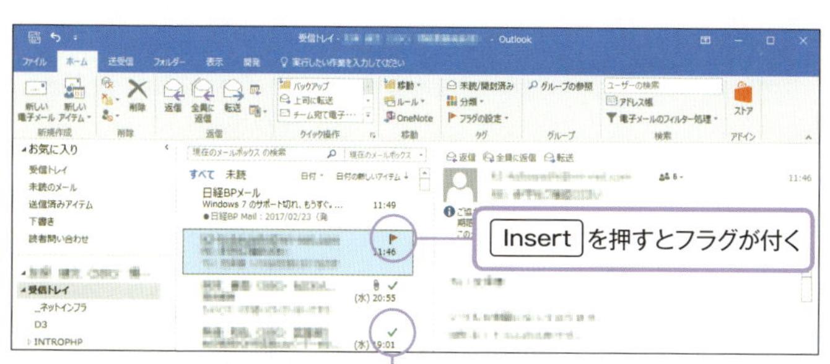

処理が終わったら、もう一度 Insert を押してフラグを外す

60 メールを書くときの4つのテクニック

メールを書くこととショートカットキーは相性抜群

一日の仕事の中で、とくに利用する機会が多いのがメールソフトでしょう。新しくメールを作成したり、返信したりと、何度も触れることになります。

そのため、メールソフト関連のショートカットキーを覚えることが、仕事を速くするには大変効果的です。マウスで十分間に合っているよ、という人も、試してみると**キーボードから手を離さずにメールをサクサク処理できる**ことの快適さに驚くはずです。

覚えるのは次の4つで十分。

新しくメールを作成するときは Ctrl + N を押します。

メールに返信するときは、メールを選択した状態で Ctrl + R を押します。

ただし、メールに「CC」が付いている場合は、Ctrl + R だと、差出人ひとりにしか返信ができません。**全員に返信するときは、Ctrl + Shift + R** を押します。

そして、メールを書き終えたら、**Alt + S** で送信します。

一日に何度もやることですから、すぐに効果が実感できるはずです。N は「New」（新規作成）、R は「Reply」（返信）と思っておくと忘れにくいでしょう。

メールの転送は Ctrl + F ですが、このショートカットキーはほかのアプリでは検索機能を呼び出すのに使われることが多いです。これは使うというよりは、知識として知っておけばよいでしょう。

02分短縮

キーボードからメールを返信する

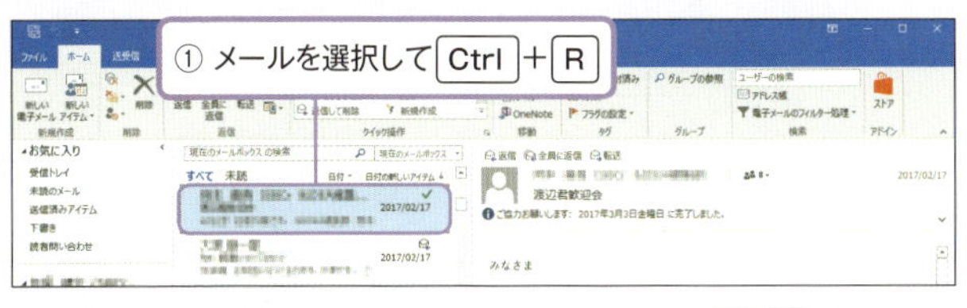

メールの選択にも ↑ ↓ を使うとよい

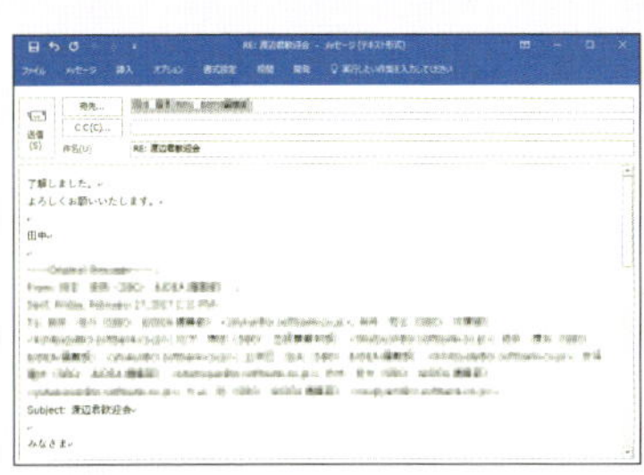

② 返事を書いたら Alt + S で送信

新規作成は Ctrl + N

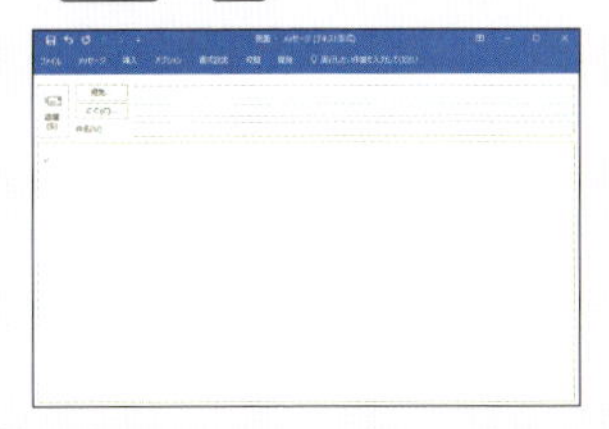

全員への返信は Ctrl + ⬆Shift + R

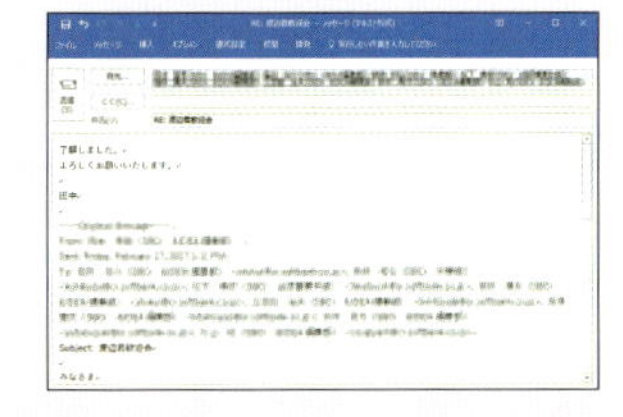

（参考）Ctrl を使ったメールの送信

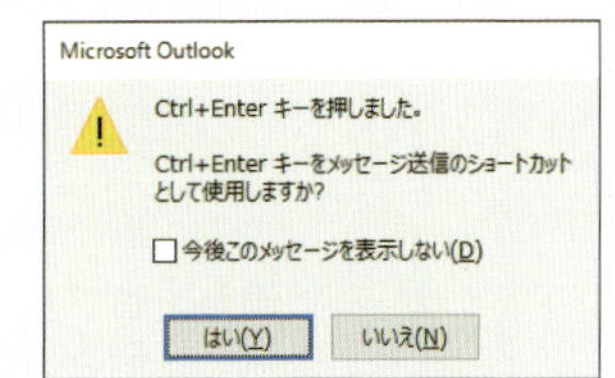

Ctrl + Enter でもメールが送信できる。ダイアログが表示されるので、もう一度 Enter を押す（「はい」を選ぶ）と送信される。Ctrl のほうが押しやすいが、編集中にうっかり送信してしまわないように注意

61 メールのタイピングを減らす仕組みを作る

よく使うメールの文章を一瞬で呼び出す

社外からの問い合わせに返信するときや、仕事の打診をするときのメールの文章は、**どれもだいたい似たものになります。**社内向けの確認メールや報告メールなども、一定のパターンがあります。

そのため、普段メールを書くときに、過去に送信したメールの中から使いまわせそうなものを探して、コピー＆ペーストしている人もいるでしょう。しかし、この方法だと、目的のメールを探し出すのに時間がかかってしまいます。

そこでおすすめしたいのが、「署名」機能の活用です。**署名には、会社名や氏名などの連絡先ばかりでなく、普通の文章を入れてしまって全然かまいません。**つまり、署名をメールのテンプレートとして利用するわけです。このメールのパターンはよく使うな、と思ったときに登録しておけば、仕事がどんどん速くなります。

Outlookの場合、署名を登録するには、**新しいメールを作成して、「署名」→「署名」をクリックします。「新規作成」をクリックし署名に名前を付けたら、「署名の編集」ボックスに文章を入力します。**ひとつの署名に複数の文章を入れてしまうのもコツです。メールを作成するときに、必要ない文章は削ってしまえばよいのです。最後に「OK」をクリックして署名を保存します。

登録した署名を使うには、**新しいメールを作成して、「署名」をクリックし、使いたい署名を選択します。**これで署名に登録した文章がメールの本文に入力されます。

05分短縮

署名をメールのテンプレートとして使う

署名を作成する

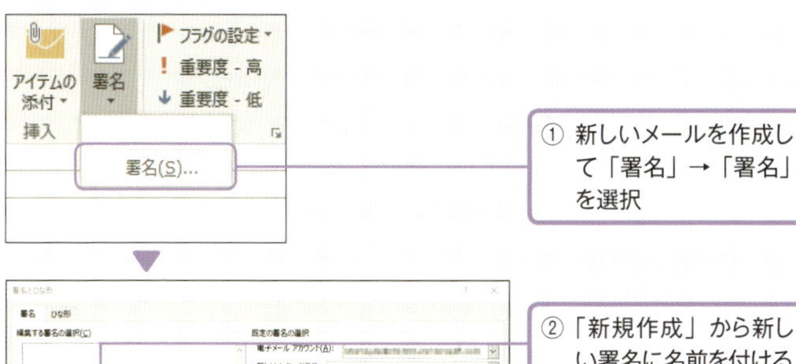

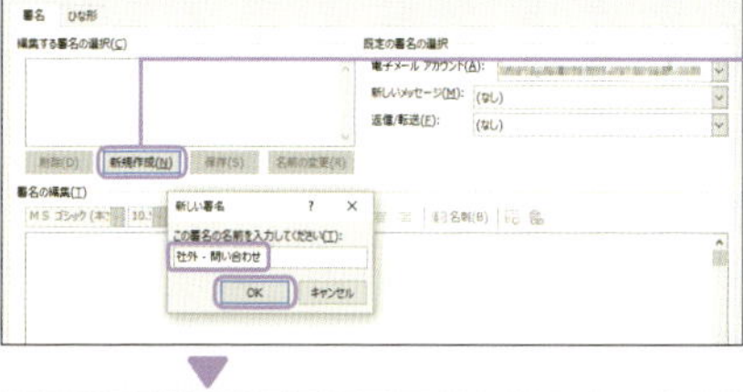

②「新規作成」から新しい署名に名前を付ける

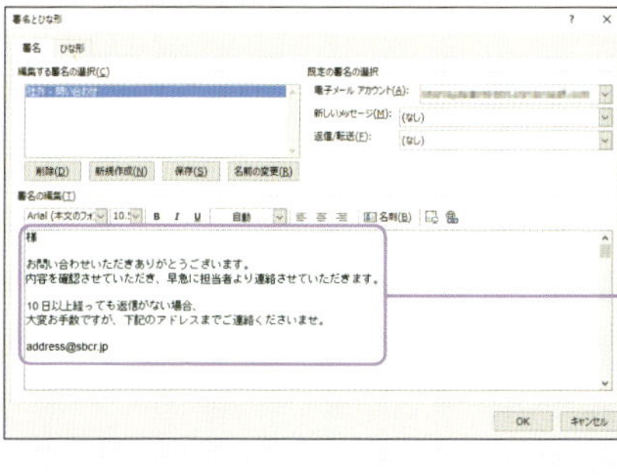

③ よく使う文章を入力して保存

署名を挿入する

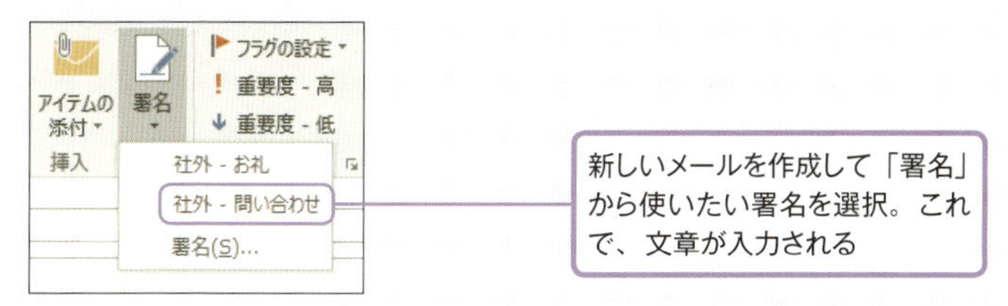

62 メールの検索で知っておきたいこと

クイック検索と高度な検索を使い分ける

Outlookを使ううえでは、**検索機能の基本を理解しておくことが仕事の時短に直結します。**「先月、鈴木さんから送られてきた添付ファイルはどこだっけ？」という状況で、目視で探していては時間がいくらあっても足りません。Outlookの検索機能を十分活用して、どんなメールも時間をかけずに取り出せるようになってください。

（1）クイック検索

メールを検索するときには、最初に検索ボックスに差出人や宛先の名前、本文中のキーワードなどを入力して検索するでしょう。これには「**クイック検索**」という名前が付いていて、メールアドレスや件名、本文で使われている語句がすべて検索対象になります。

この検索は関連しそうなメールを全部見つけるには便利ですが、思わぬ部分が検索にひっかかってしまい、なかなか目的のメールが見つけられないことも多いです。その場合は、右ページで紹介している**AND、OR、NOT、完全一致の検索キーワード**を使うか、次の「検索の絞り込み」を試してください。

（2）検索の絞り込み

検索ボックス内をクリックすると、「検索ツール（「検索」タブ）」が表示されます※。**そこにある各種のボタンを使うことで、さまざまな条件でメールを絞り込むことが可能です。**添付ファイルの有無やフラグの有無、メールを受信した時期などを指定できるので、ほとんどのメールを見つけることができるでしょう。

※ Outlook 2007にはこの機能はありません。代わりにCtrl＋Shift＋Fで「高度な検索」を呼び出すとよいでしょう。

07分 短縮

Outlook の検索機能を使いこなす

① キーワードを入力して検索する　　検索したあとに、いろいろな絞り込みが行える

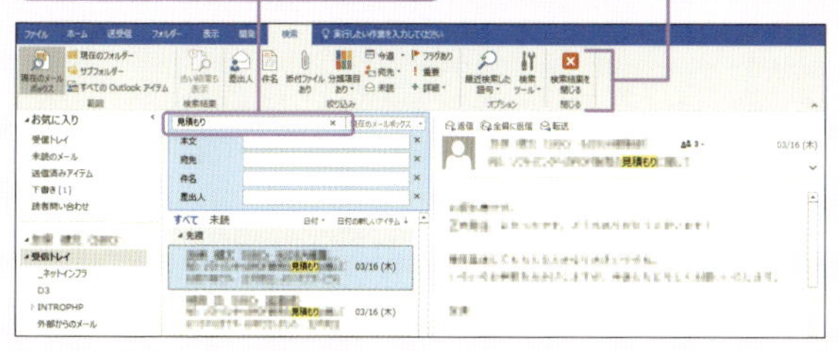

Ctrl + E からも検索ボックスに入れる

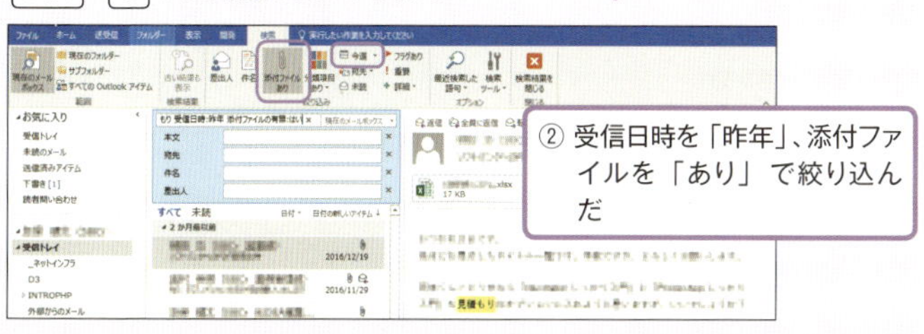

② 受信日時を「昨年」、添付ファイルを「あり」で絞り込んだ

差出人がわかっているなら検索ボックス下の「差出人」欄を使うのが速い。

また、Ctrl + ⬆Shift + F で「高度な検索」を呼び出すと、「宛先に自分の名前だけがある」といった条件の指定も可能

クイック検索で指定できる条件

AND 検索	（例）営業課 AND 議事録	「営業課」と「議事録」という語句を両方含むメールを検索
OR 検索	（例）営業課 OR 議事録	「営業課」もしくは「議事録」という語句を含むメールを検索
NOT 検索	（例）営業課 NOT 議事録	「営業課」という語句を含むが「議事録」という語句は含まないメールを検索
完全一致検索	（例）" 営業課会議 "	「営業課会議」という語句を完全に含むメールを検索

AND、OR、NOT はすべて大文字で入力する必要がある。AND 検索は、「AND」を書かずに半角スペースで区切るだけでもよい

63 メールを効率よく確認する方法

よく検索する人のメールを一個所にまとめるワザ

Outlookを使っていて、受信トレイに届いたメールをとくに分類せずにそのままにしている人は多いでしょう。いざとなれば検索すればいいわけで、そのほうが効率的です。

しかし、職場の上司や得意先など、「**この人からのメールはまとめて見返せると便利**」ということがあると思います。そんな場合は、毎回差出人の名前で検索したりしていてはかえって面倒です。

そこで利用したいのがOutlookの**検索フォルダー**です。検索フォルダーは検索の条件を設定した仮想のフォルダーで、**受信トレイから実際にメールを移動することなく、特定の条件にあったメールだけを抽出して一個所で閲覧することができます。**

検索フォルダーは、**「フォルダー」タブ→「新しい検索フォルダー」**で作成します。さまざまな条件を設定できますが、社外の人からのメールは**「カスタム」**から差出人のメールアドレスなどを設定できます。これで、いつでもその条件でメールをまとめて確認できます。

なお、余談ですが、Outlookではメールサーバーと受信トレイが同期することでサーバーに届いたメールを取得していて、この同期処理が定期的に行われています。その際、**受信トレイにメールが大量に残っていると、同期に時間がかかり、その間のソフトの動作が遅くなってしまいます。**受信トレイにメールを溜め込んだままの人もいると思いますが、あるていど時間が経過したメールは受信トレイから別のフォルダーに移すなど、定期的に整理しましょう。

検索フォルダーを活用する

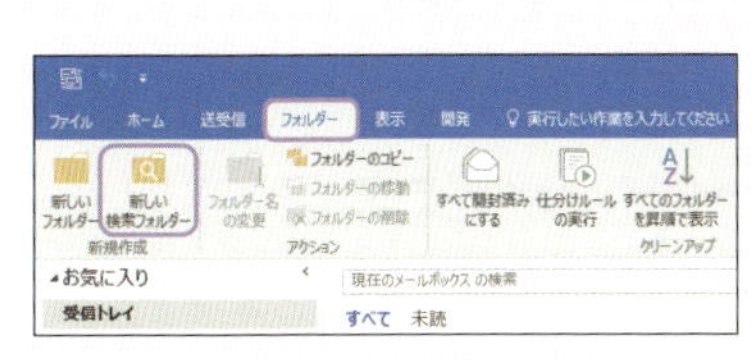

① 「フォルダー」→「新しい検索フォルダー」を選択して条件設定画面を開く

Outlook 2007では「ファイル」→「新規作成」→「検索フォルダー」を選択

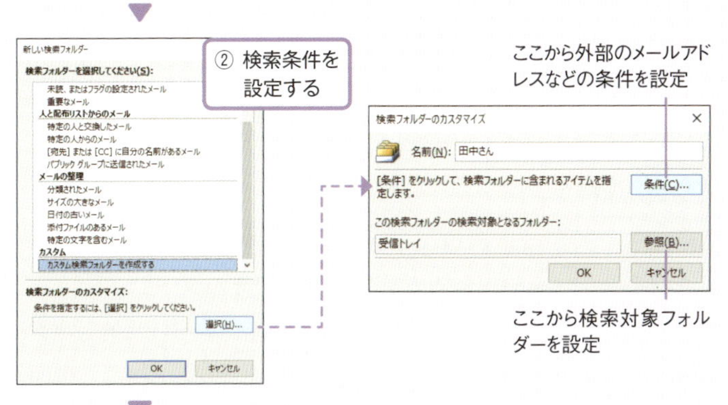

② 検索条件を設定する

ここから外部のメールアドレスなどの条件を設定

ここから検索対象フォルダーを設定

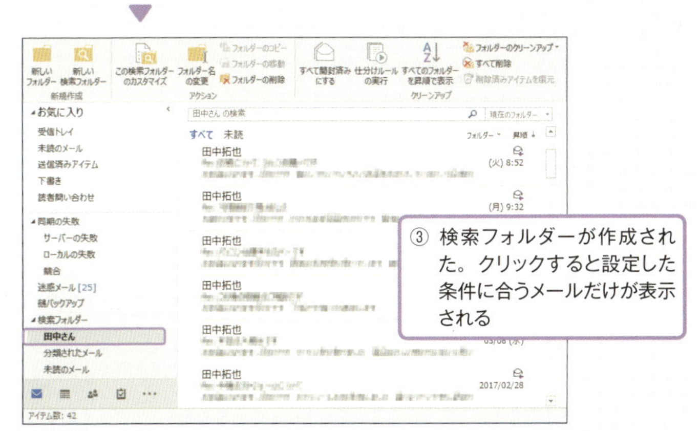

③ 検索フォルダーが作成された。クリックすると設定した条件に合うメールだけが表示される

検索フォルダーに実際にメールを移動するわけではないので、気軽に作成したり削除したりして活用しよう

64 アイデア・用事を忘れず書き残すには

Outlookのメモを付箋代わりに使う

Outlookは非常に高機能なアプリで、こんなこともできるの？という機能をいくつも持っています。普段なんとなくメールのやりとりだけに使っている人が多いと思いますが、ここでは仕事の効率化にぜひ活用したい「**メモ**」の機能を紹介します。

メモは、その名前のとおり非常にシンプルな機能で、メモを書くこと、書いたメモを一個所にまとめて保存しておくことに特化しています。

Outlookのメモが優れているのは、**Ctrl＋Shift＋Nで一瞬で呼び出せる**ことです。Outlookが開いているときは、いつでも即座にメモをとることができます。

黄色い付箋紙のようなメモが開くので、そこに入力したら、そのメモはデスクトップにペタッと貼り付けておくことができます。**貼り付けたメモはOutlookを最小化しても残る**ので、調べたいことをメモして残しておいたり、その日の用事を書き込んだりと、便利に使うことができます。

何よりよいのは、「**メモに名前を付ける必要がない**」「**自動的に保存される**」という点です。メモの右上の「×」をクリックして閉じると、そのタイミングでOutlookの「メモ」のフォルダーにメモが保存されます。このおかげでちょっとした思いつきを気軽にメモすることができます。

Outlookのついでに使えるメモ機能、ぜひお試しください。

Outlook のメモを活用する

Outlook が開いた状態で Ctrl + ⬆Shift + N でメモを開く

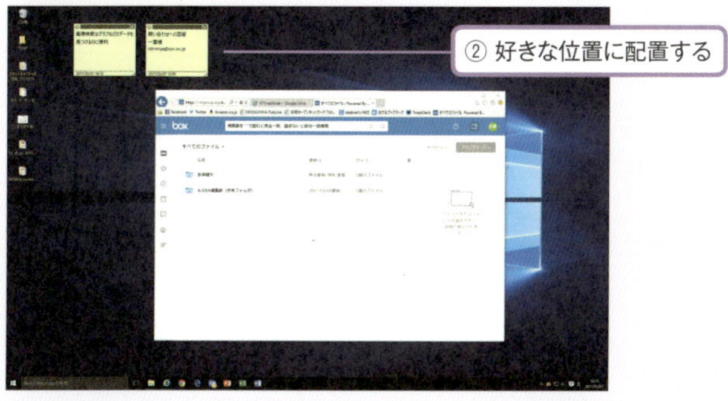

メモは Outlook を最小化しても表示されたまま。デスクトップにいくつでも貼り付けておくことができる

保存されたメモを開く

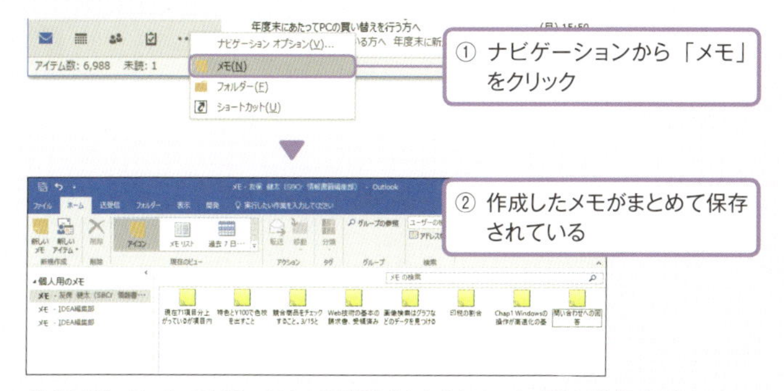

ダブルクリックしてメモを開いたり、表示形式を変えたり、直感的に操作ができる

7章

ファイルとフォルダーを自在に扱う

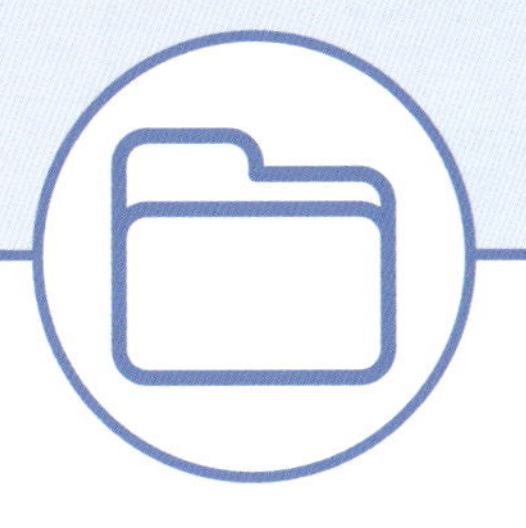

仕事で必要なファイルがなかなか見つからずに困った経験のある人は多いでしょう。

パソコンを使っていると、ファイルが次々にたまっていきます。最近では職場の共有ドライブが用意されている場合も多く、あっという間にどこに何があるのかわからない状況が出来上がってしまいます。

でも大丈夫。どんなにファイルがたまっても、どのフォルダーに入れたかわからなくなっても、中身が思い出せなくなっても、いくつかのワザを組み合わせることで必要なファイルを時間をかけずに取り出せます。パソコンのファイルの管理は、労力をかけなくても知識で省力化できるのです。

本章では、ファイルをかんたんに管理し、必要なファイルに即座にアクセスできるようになる方法を紹介します。ファイル名の変更やドラッグ＆ドロップ操作など、普段よく行う操作も見直してみましょう。

65 エクスプローラーを一瞬で開く

[Win]+[E]からの操作ワザを覚えよう

数あるショートカットキーの中でも、**絶対に覚えておきたいのが、エクスプローラーを起動する[Win]+[E]**です。一瞬で起動でき、また、[Win]+[E]を押すたびに新しいエクスプローラーを好きなだけ開くことができます。

[Win]+[E]でエクスプローラを開いたあと、マウスに持ち替えてしまうと、せっかくのスピードが損なわれてしまいます。エクスプローラでのファイル操作のほとんどは、キーボードから行うことができますので、以下のやり方もぜひマスターしてください。

[Win]+[E]でエクスプローラーを開いた直後は、右側のウィンドウが操作できる状態です。**[↑][↓][←][→]でフォルダーを選択して、[Enter]で開きます**。ひとつ前の画面に戻りたいときは、[BackSpace]を押します。

また、**[Shift]+[Tab]で、左側のツリー部分（ナビゲーションウィンドウ）が操作できる状態になります**。[↑][↓]でフォルダーを移動し、[←][→]でフォルダーの階層を開いたり閉じたりします。目的のフォルダーが選択できたら、[Enter]を押して開いてから、**[Tab]で右側のウィンドウに移ります**。あとは先ほどと同じように、ファイルやフォルダーを選んで、[Enter]で開きます。

[Enter]と[BackSpace]、[Shift]+[Tab]と[Tab]を覚えておけば、パソコン内のフォルダー間を自在に行き来できるようになります。

03分 短縮

エクスプローラーをキーボードで操作する

⊞ ＋ E を押してエクスプローラーを起動

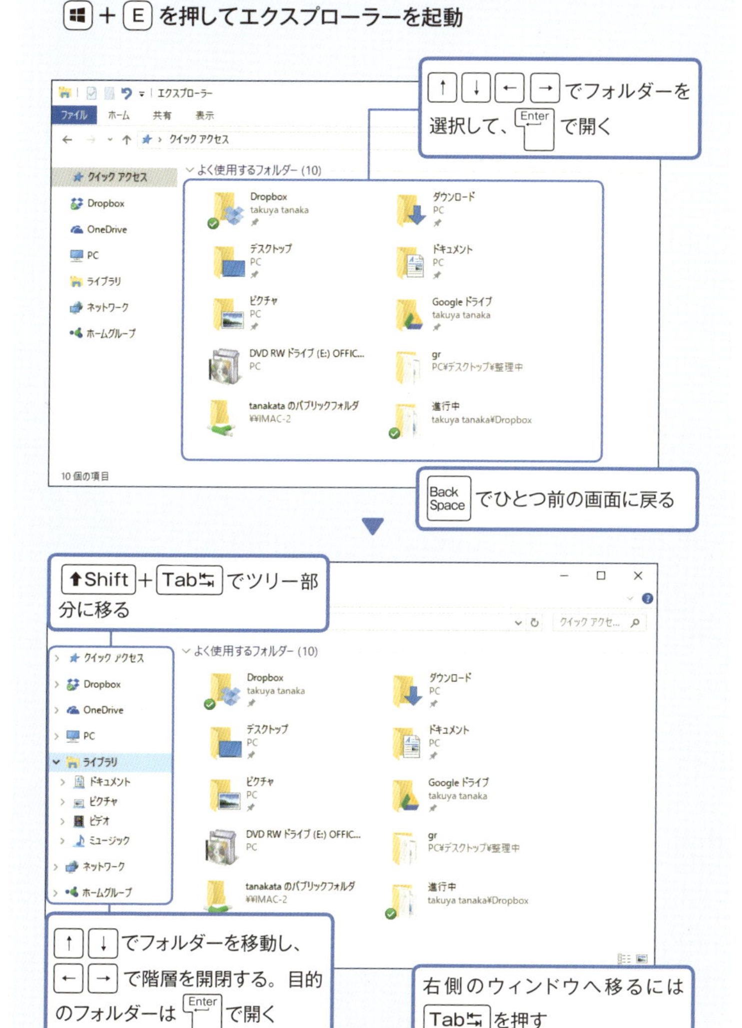

66 必要なファイルは検索で見つける

絶対に使いたいエクスプローラーの検索機能

パソコンで仕事をするときには**「検索」の力を使うことが、仕事のスピードを上げるための何よりの秘訣です。**検索といってもウェブばかりではありません。パソコンのファイルを探すときにも大きな力を発揮します。

とくに、フォルダーに大量のファイルがあるとき、また、フォルダーの中にフォルダー（サブフォルダー）を作って分類しているときには、ファイルを探すのに検索を活用するのが肝要です。目視で探したり、フォルダーをあちこち開いて回ったりしていては、時間がいくらあっても足りません。

ファイルを探す際には、フォルダーを開いて右上にある検索窓を使います。**F3 を押すと検索窓にカーソルが移動しますので、ファイル名の一部を入力すれば、候補がただちに表示されます。**たくさんのファイルが見つかった場合は、**スペースで区切って検索語句を追加**することで、どんどん候補を絞り込んでいくことができます。

すべてのサブフォルダーの中も検索できるので、社内の共有フォルダーなどでどこにファイルがあるかわからないときにも迷うことがありません。また、ごみ箱からファイルを戻すときにも目的のファイルをサッと取り出せます。

この検索機能は非常に強力で、これまでファイルを探すのにかけていた時間を大幅に減らせるでしょう。ぜひ活用してください。

05分短縮

フォルダー右上の検索窓からファイル検索

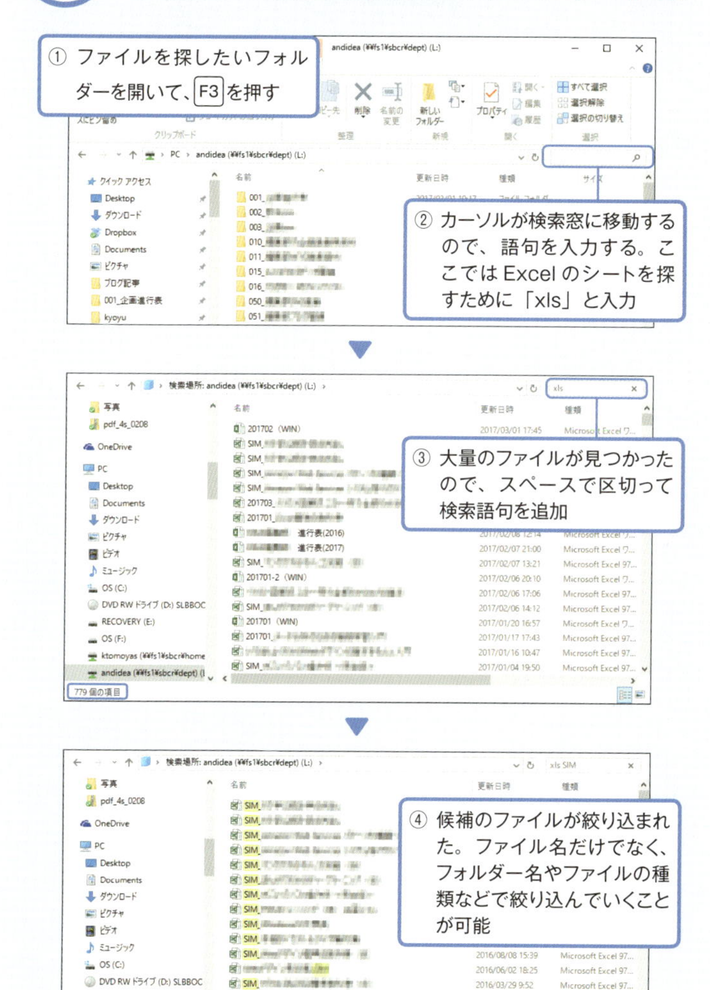

67 ファイル検索機能をさらに便利に使う

文書の中身の検索とフィルタリングのワザ

技66で紹介した検索機能をさらに便利に使うテクニックを紹介します。ひとつは文書の中身まで含めた詳細な検索、もうひとつは特定の種類のファイルをまとめる方法（フィルタリング）です。

（1）文書の中身まで含めた詳細な検索

フォルダーの検索窓からの検索では、**文書中に含まれる語句でも検索することができます。特別な設定は必要ありません。**ファイル名が正確にわからなくても、文書内で使われている語句を推測して検索することで、目的のファイルを見つけることができます。

この検索には「インデックス」と呼ばれる検索用のデータが関連しており、インデックスが作成されていないファイルはうまく検索できない場合があります。そのときは、**「詳細オプション」の「ファイルコンテンツ」にチェック**※を入れて再度検索してみてください。

（2）特定の種類のファイルをまとめる方法

検索機能をひとつのファイルを見つけ出すのに使うのではなく、Excelファイルや PDF ファイルといった特定の種類のファイルをまとめるのに使うテクニックです。すべてのサブフォルダーの中を横断的に検索できるので、たとえば「pdf」で検索すれば、複数のサブフォルダーに散らばる PDF ファイルを**一時的に一個所にまとめて確認することが可能です。**

筆者は技69と組み合わせることで、Excelなどのファイルを絞り込んだあとに中身をすばやく確認することを実現しています。

※ Windows 7では「整理」→「フォルダーと検索のオプション」を選び、「検索」タブで「ファイル名と内容を常に検索する」をチェックします。

05分短縮

ファイル検索機能をさらに活用する

文書の中身まで含めた詳細な検索

詳細な検索ができないときは、「詳細オプション」から「ファイルコンテンツ」にチェックを入れて検索する。ただし、検索に時間がかかることもあるので注意

文書中で使われている語句で検索

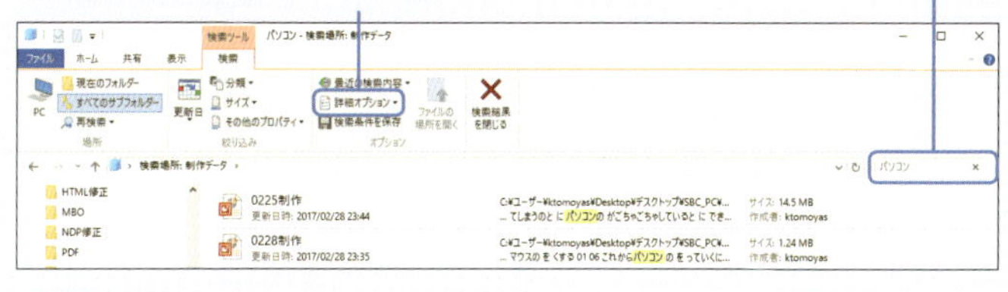

特定の種類のファイルをまとめる

① サブフォルダーを複数作ってファイルを管理している場合の例

② ここでは PowerPoint のファイルだけを表示するため「ppt」と入力

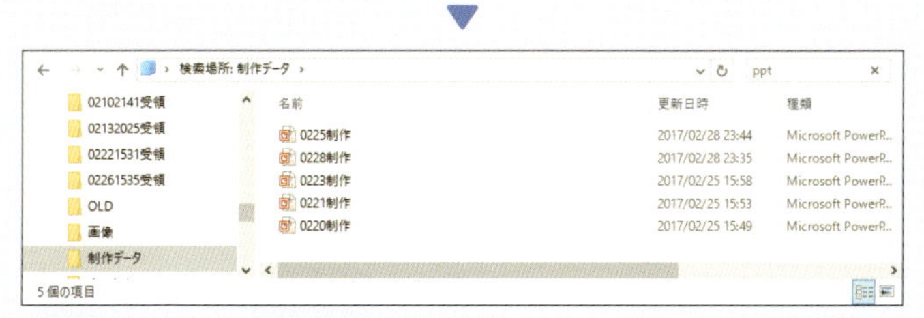

複数のサブフォルダーを横断してファイルの中身を確認したいときに便利。技 69 のプレビューウィンドウと組み合わせるとファイルの確認がはかどる

③ 検索結果で PowerPoint のファイルだけをまとめることができた

68 エクスプローラーを使いやすくする設定

ナビゲーションウィンドウで作業効率を大幅アップ

みなさんも普段、仕事の作業用フォルダーを作って、さらにその中にいくつかフォルダーを作り、フォルダー間を行ったり来たりすることがあると思います。

そのようなとき、エクスプローラーの左側のツリー部分（ナビゲーションウィンドウ）を使うと、**フォルダーの切り替えや、ファイルの移動・コピーの作業を劇的に効率化**することができます。

ただし、そのためにはちょっとした設定がいります。エクスプローラーを標準設定のままで使わないのがポイントです。

Windows 10の場合は、エクスプローラーの「表示」タブから「ナビゲーションウィンドウ」をクリックして、「開いているフォルダーまで展開」にチェックを入れます。Windows 7の場合は、「整理」→「フォルダーと検索のオプション」を選び、「全般」タブの「自動的に現在のフォルダーまで展開する」にチェックを入れます。

これで、エクスプローラーの右側でフォルダーを開いてみてください。それに連動して左側のツリー部分が自動的に展開されます。ツリー部分はワンクリックでフォルダーを開くことができるので、フォルダーの中身を次々に確認したいときには大変便利です。

また、エクスプローラーの右側のウィンドウからツリー部分にファイルをドラッグ＆ドロップして移動・コピーを行うことができ、エクスプローラーをふたつ開く必要もなくなります。

作業効率に大きな違いが出ますので、ぜひ試してみてください。

05分短縮

ナビゲーションウィンドウを活用する

ナビゲーションウィンドウの設定（Windows 10）

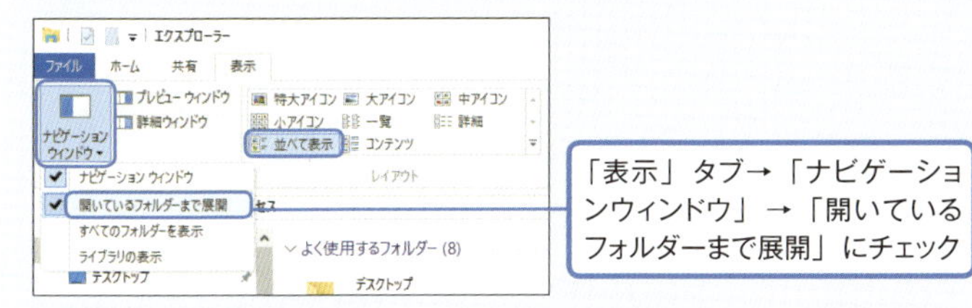

Windows 7 の場合は、「整理」→「フォルダーと検索のオプション」を選び、「全般」タブの「自動的に現在のフォルダーまで展開する」にチェック

ナビゲーションウィンドウの操作

フォルダーを開くと左側のツリーが連動して自動的に展開する

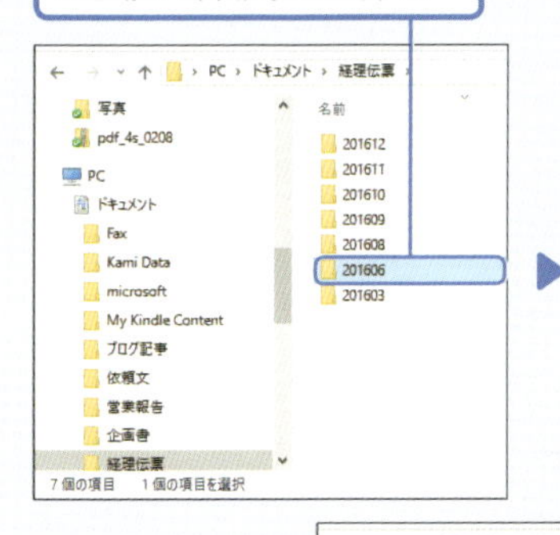

ワンクリックでフォルダーを切り替えられる

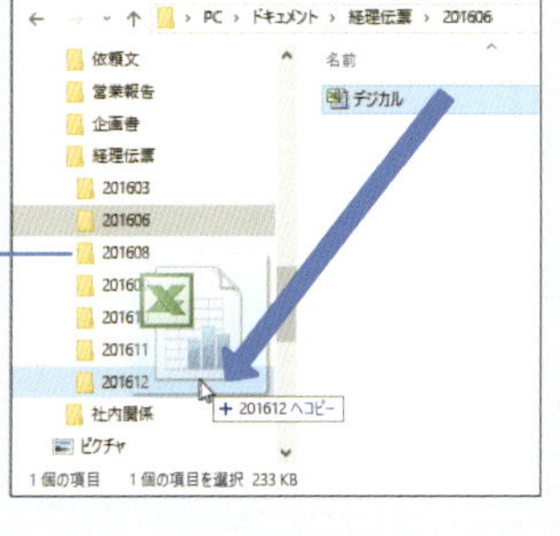

ドラッグ&ドロップで移動・コピーができる

69 ファイルの中身を一瞬で確認する

ファイルの中身はプレビューウィンドウで確認するのが鉄則

仕事で使いたいファイルを探しているとき、ファイル名を見ても中身がわからず、「**目的のファイルがどれなのかわからない！**」といった状況に陥ることがあると思います。

このような場合に、ファイルをひとつずつ開いて中身を確認することは**絶対にしてはいけません**。たくさんあるファイルをひとつずつ開いては閉じ、開いては閉じを繰り返していたら、時間がいくらあっても足りません。

実は、**ファイルを開くことなく、ファイルの中身を一瞬で確認できる方法**があります。操作はいたってかんたんです。**エクスプローラー上で対象のファイルを選択して、Alt+Pを押すだけ**です。すると、画面の右側にプレビューウィンドウが表示されて、ファイルの中身が表示されます。画像だけでなく、テキストファイルやPDF、Excel、Word、PowerPointといったOfficeソフトのファイルの中身も確認できます（Office 2007以降がインストールされている場合）。複数ページのファイルも全ページ確認できます。

複数ページで構成されているファイルの中身を確認するには、Alt+Pを押してプレビューウィンドウを表示後、1回だけTabを押します※。すると、キー操作の対象がプレビューウィンドウに移るので、↑↓でページを切り替えられます。マウスでページを切り替えたい場合は、プレビューウィンドウ上をマウスホイールでスクロールします。

※フォルダーのアイコンを詳細表示にしている場合のみ、プレビューウィンドウを表示後、Tabを２回押す必要があります。

10分短縮 プレビューウィンドウを活用する

プレビューウィンドウの表示

フォルダーを開いて Alt + P を押すとプレビューウィンドウを表示

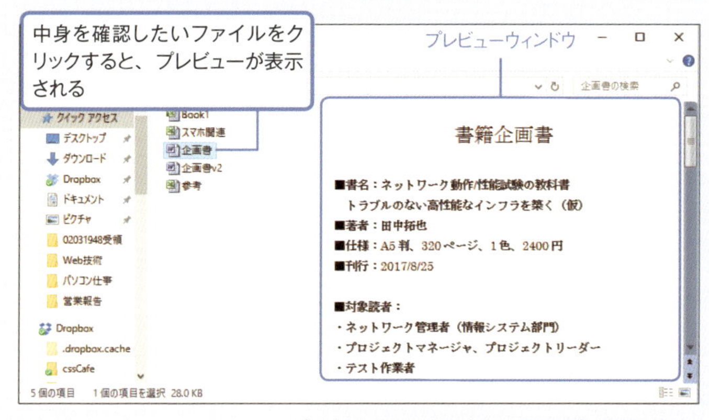

プレビューウィンドウの大きさはドラッグで変更できる。閉じるには、また Alt + P を押す

Excel、PowerPoint、PDF、画像などもプレビューできる

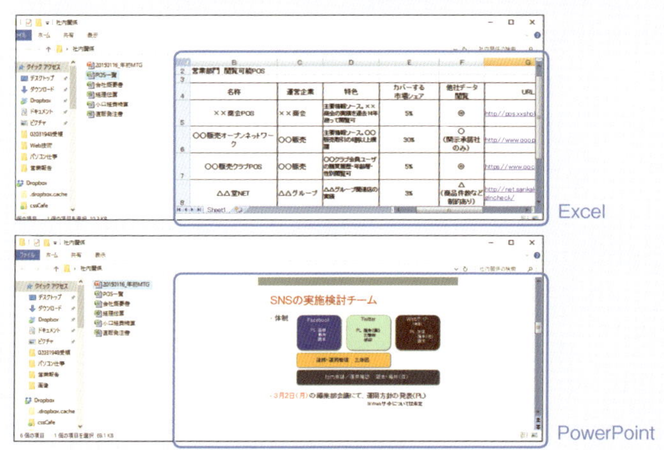

70 アイコンの表示を気軽に切り替える方法

アイコンの切り替えが超快適になる便利ワザ

仕事でパソコンを使っていて、フォルダーのアイコン表示を切り替えたくなることがあると思います。画像が入っているフォルダーは大アイコン表示にするとサムネイル（縮小画像）が確認できて便利ですが、**更新日時を確認するために詳細表示に切り替えたい**、といった場合などです。

こんなときにWindows 8以降では、次のショートカットキーで一瞬で表示を切り替えられます。メニューを使う必要はありません。

Ctrl + Shift + 1 → 特大アイコン
Ctrl + Shift + 2 → 大アイコン
Ctrl + Shift + 3 → 中アイコン（よく使う）
Ctrl + Shift + 4 → 小アイコン
Ctrl + Shift + 5 → 一覧
Ctrl + Shift + 6 → 詳細（よく使う）
Ctrl + Shift + 7 → 並べて表示
Ctrl + Shift + 8 → コンテンツ

アイコンの表示方法や並べ替えのルールはフォルダーごとに保存されています。そのせいもあって、フォルダーの表示の切り替えは意外とよく行いますので、かなり重宝します。ぜひショートカットキーを使ってみてください。

フォルダーのアイコン表示を切り替える

Ctrl + ⬆Shift + 1

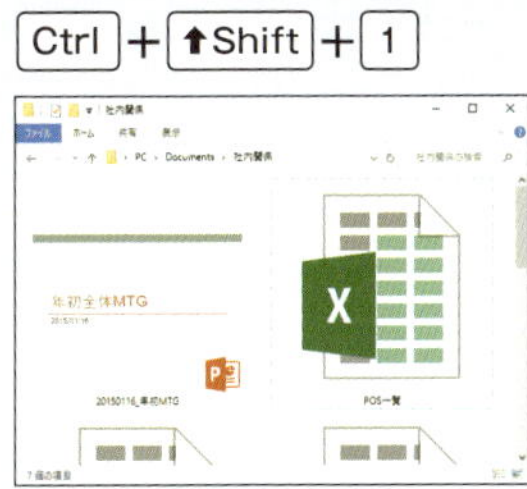

Ctrl + ⬆Shift + 2

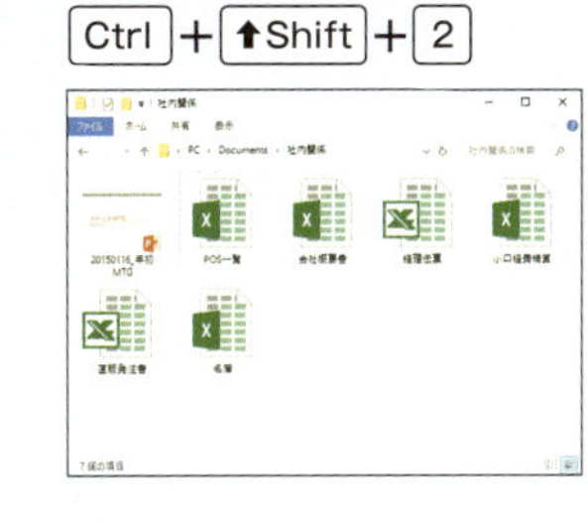

Ctrl + ⬆Shift + 3

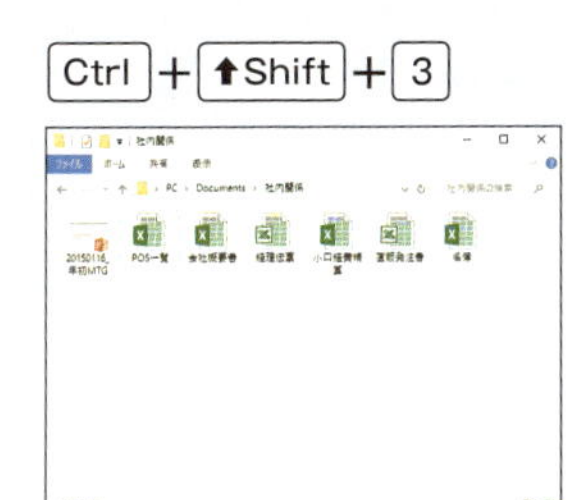

Ctrl + ⬆Shift + 4

Ctrl + ⬆Shift + 5

Ctrl + ⬆Shift + 6

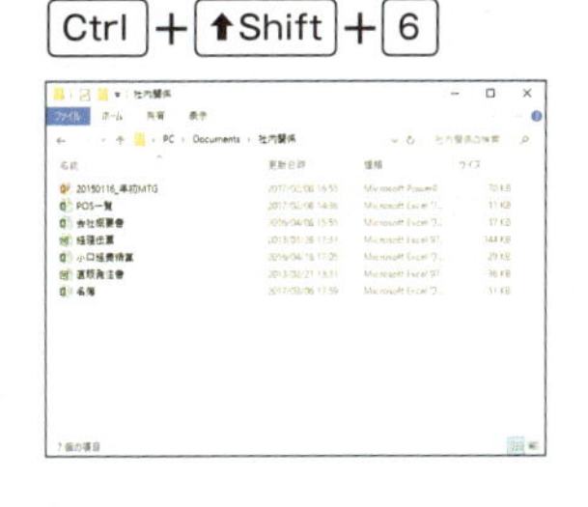

Ctrl + ⬆Shift + 7

Ctrl + ⬆Shift + 8

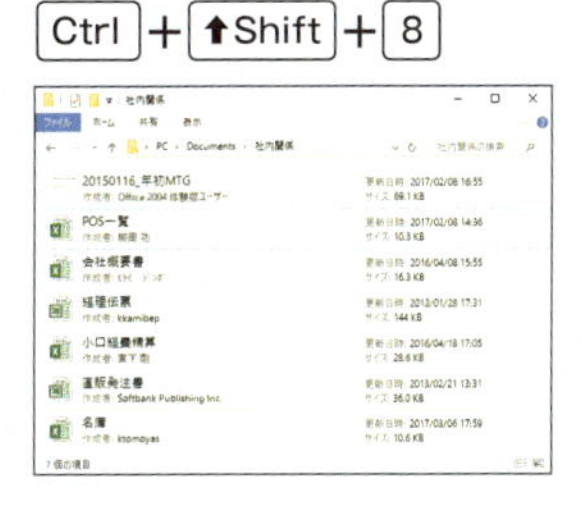

71 複数のファイルを上手に選択する方法

Shift と Ctrl を使った必修ワザ

ファイルをまとめて選択することで、移動や削除がはかどります。そのために利用するのが Shift と Ctrl です。

Windows 操作の基本中の基本ですが、もしかしたら知らないワザがあるかもしれませんので、ここで確認してみてください。

(1) ファイルを連続して選択

ファイルを連続して選択するときには **Shift を押しながら ↑ ↓ ← → を押します。** キーを押すのに合わせて、ファイルを次々に選択できます。

Shift を押しながらマウスをクリックするのも速いです。最初に選択されていたファイルとクリックしたファイルの間にあるファイルをまとめて選択できます。

(2) ファイルをとびとびに選択／選択の解除

ファイルをとびとびに選択するときには **Ctrl を押しながら ↑ ↓ ← → で移動して、Space で選択していきます。**

マウスを使う場合は **Ctrl を押しながらマウスをクリック**していくことで必要なファイルだけ選択できます。

また、選択状態にあるファイルを Ctrl を押しながらクリックすると、そこだけ選択が解除されます。

複数のファイルのうち全体の 9 割くらいを選択したいときには、**Ctrl ＋ A でファイルを全選択してから、Ctrl ＋クリックで不要なファイルだけ選択を解除していく**という方法も便利です。

⬆Shift と Ctrl で複数ファイルを選択する

ファイルを連続して選択

名前	更新日時	種類	
201409	2014/10/06 16:50	Microsoft Ex	
201412	2015/01/13 14:12	Microsoft Ex	
201501	2015/03/02 22:36	Microsoft Ex	
201502	2015/03/02 12:32	Microsoft Excel ワ...	120 KB
201503	2015/04/24 16:47	Microsoft Excel ワ...	121 KB
201504	2015/05/11 18:28	Microsoft Excel ワ...	133 KB
201505	2015/06/30 21:41	Microsoft Excel ワ...	82 KB
201507	2015/08/03 19:05	Microsoft Excel ワ...	52 KB
201508	2015/09/29 18:18	Microsoft Excel ワ...	59 KB

⬆Shift ＋クリック、もしくは
⬆Shift ＋矢印キーで選択

ファイルをとびとびに選択

ファイルを 9 割くらい選択

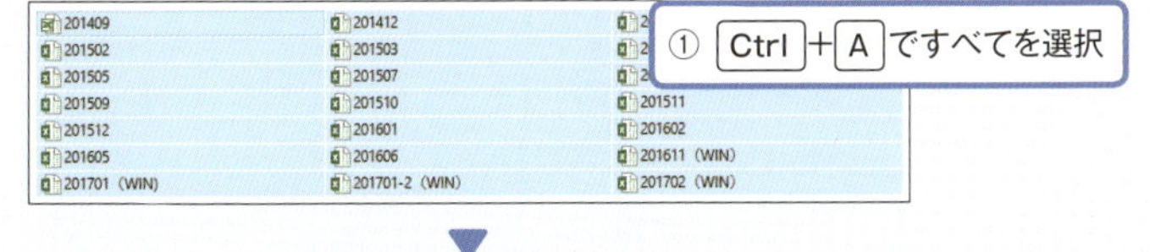

▼

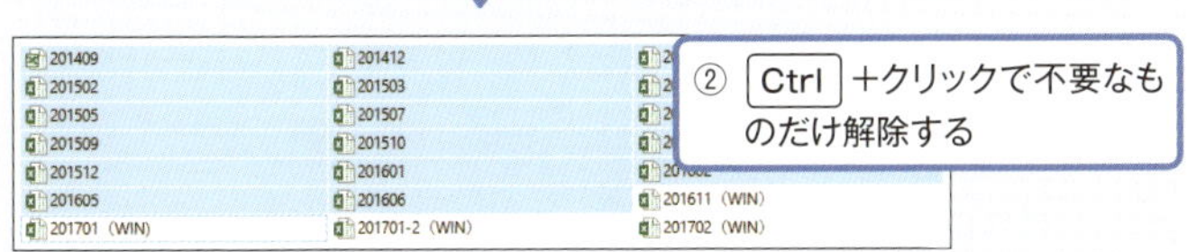

ここではファイルの選択を例にしているが、Excel のセルでも Outlook のメールでも、複数選択するには ⬆Shift と Ctrl を使う

72 ファイルの移動とコピーを自在に行う

右クリックを使わない移動とコピーの便利ワザ

ファイルを移動するときには、ドラッグ＆ドロップをしますね。ドロップ先が同じドライブのフォルダーならそのまま移動になりますが、ドロップ先が違うドライブのフォルダーだと移動ではなくコピーになります。これはご存じのとおりです。

ただ、会社では、共有ドライブをはじめ、Cドライブ以外のドライブが複数ある場合もよくあります。そのような環境では、**ファイルを移動しようとしたのにコピーになってしまってガックリ**…ということも珍しくありません。ここでは、そのようなミスをなくすワザを紹介します。

ファイルのドラッグ中は、ドロップする場所によって、「○○へコピー」や「○○へ移動」と表示されます。**この状態でCtrlやShiftを押すと、移動とコピーを切り替えることができます。**

たとえば同じドライブのフォルダーにコピーしたいときは、ドラッグ中にCtrlを押します。カーソルが「○○へコピー」に変わり、ドロップ先にファイルがコピーされます。別のドライブへ移動したいときはShiftを押すと、カーソルが「○○へ移動」になり、ファイルを移動できます。

ちなみに、ドラッグ中に移動やコピーを取りやめたくなったときは、**Escを押せば操作をキャンセル**することができます。

ファイルの移動やコピーをするときには、ぜひこのワザを思い出してください。

02分
短縮

ドラッグ中にコピーや移動を切り替える

ファイルのドラッグ先が同じドライブの場合、Ctrl でコピーになる

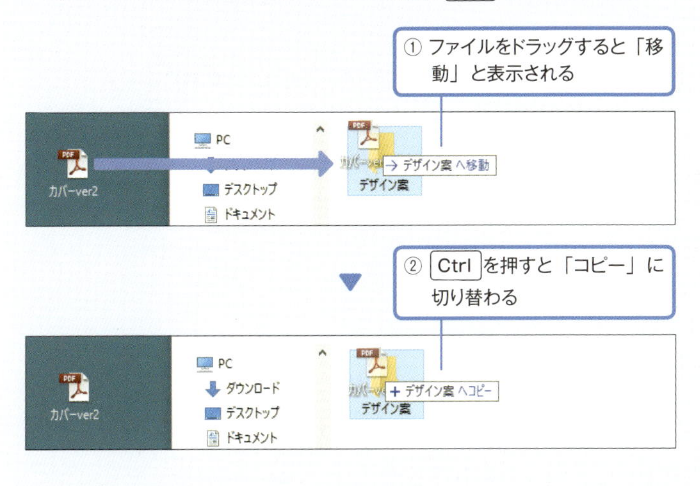

ファイルのドラッグ先が違うドライブの場合、⬆Shift で移動になる

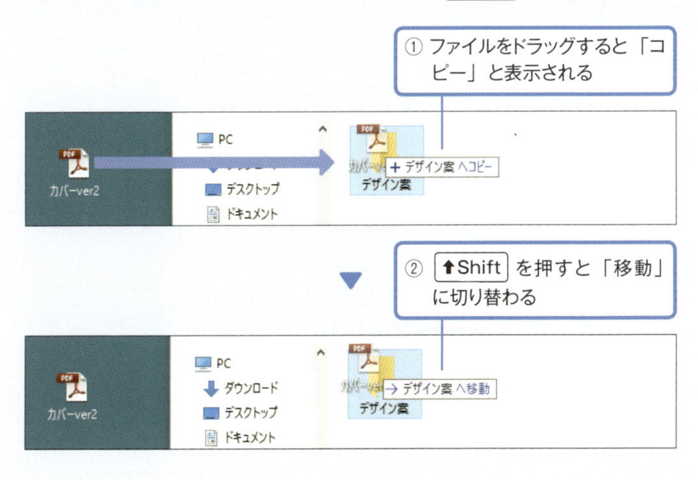

73 ファイル名をまとめてすばやく変更する

Tab を使った連続入力のワザ

ファイル名を変更するときに便利なのが、F2を押す方法です。これはファイルやフォルダーの名前を変更するショートカットキーです。ファイル名をマウスクリックする方法でもよいのですが、力加減が意外と面倒なので、F2を使ったほうがラクに編集できます。ファイルを整理するときに使っている人は多いでしょう。

ただ、たくさんのファイルをまとめて変更したいという場合は、F2を毎回押すのも面倒です。そこで、複数のファイル名をまとめて変更する方法をぜひ知っておいてください。

やり方はかんたんです。まずF2を押してひとつ目のファイル名を編集します。**新しいファイル名を入力したら、Enter を押して確定する代わりに Tab を押します**。すると、次のファイルに選択が移動して、ファイル名を編集できる状態になります。次のファイル名を入力したら、また Tab を押せば、次々とファイル名を入力していくことができるというわけです。何も入力しないまま Tab を押して次のファイルへ移動することも可能で、ファイル名を連続して編集したいときは必ず使いたいワザです。

もうひとつ、複数のファイルに連番を付ける方法も知っておくと便利でしょう。やり方は、**複数のファイルを選択状態にして、F2を押してファイル名を変更するだけです**。こうすることで「ファイル名 (1)」「ファイル名 (2)」…という連番が付きます。

02分短縮

ファイル名をまとめて入力する

Tab を使った連続入力

台割_2017
2017年02月11日営業報告
2017年01月09日 10時01分02秒
2016年10月06日 10時49分28秒
2017年01月06日 10時48分26秒
2017年01月06日 10時45分54秒

① F2 を押して、ファイル名を変更し、Tab を押す

台割_2017
2017年02月11日営業報告
2017年01月09日 10時01分02秒
2016年10月06日 10時49分28秒
2017年01月06日 10時48分26秒
2017年01月06日 10時45分54秒

② 次のファイル名が続いて編集状態になる

Tab を使った連続入力はフォルダーの中で有効。デスクトップでは使用できない。また、⬆Shift＋Tab で逆方向へ移動できる

ファイル名に一気に連番を付ける

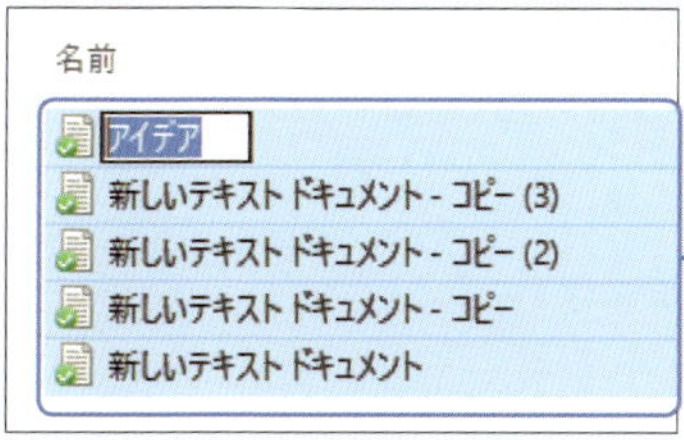

名前
アイデア
新しいテキスト ドキュメント - コピー (3)
新しいテキスト ドキュメント - コピー (2)
新しいテキスト ドキュメント - コピー
新しいテキスト ドキュメント

① ファイルをまとめて選択してから、F2 を押して、ファイル名を変更する

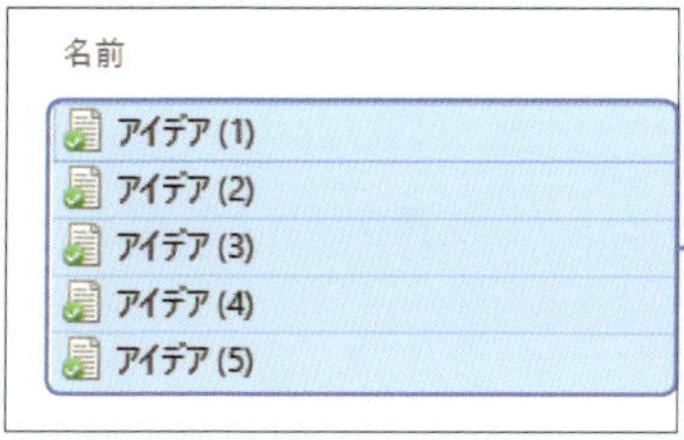

名前
アイデア (1)
アイデア (2)
アイデア (3)
アイデア (4)
アイデア (5)

② ファイル名が連番付きで一気に変更される

上から昇順に連番が付くので、事前にファイルを並べ替えておくとよい

74 よく使うフォルダーをすぐ開くための設定

クイックアクセスを使って作業環境を改善

パソコンでの仕事では、毎日あちこちのフォルダーを開いたり閉じたりして作業しているでしょう。

ただ、**よく使うフォルダーはだいたい決まっています**。部内で共有しているファイル置き場や、現在進行中の案件のフォルダーなどです。そのため、よく使うフォルダーを一瞬で開けるようにすることが、仕事の能率を高めるのに役立ちます。

そこでぜひ活用したいのが、Windows 10で追加された「**クイックアクセス**」です。**エクスプローラーを開いたときに最初に表示される**ので、目的のフォルダーをワンステップで開くことができます。

よく使うフォルダーがクイックアクセスに自動で登録されている場合もありますが、手動で追加することもできます。それには、**フォルダーを右クリックして「クイックアクセスにピン留め」を選択します。**ピン留めは、フォルダーそのものを移動するわけではなく、ショートカットを作るようなものです。元のフォルダーには影響はないので、気軽にピン留めしてしまいましょう。

筆者の場合、進行中の案件のフォルダーのほかに、社内資料置き場をクイックアクセスに登録しています。後者は月に何度もアクセスするわけではありませんが、共有ドライブの深いところにあるので、毎回いちいち探す手間が省けます。

なお、あまり使わなくなったフォルダーは、**右クリックして「クイックアクセスからピン留めを外す」を選択して外しておきましょう。**

クイックアクセスを活用する

クイックアクセスにフォルダーを登録する（Windows 10）

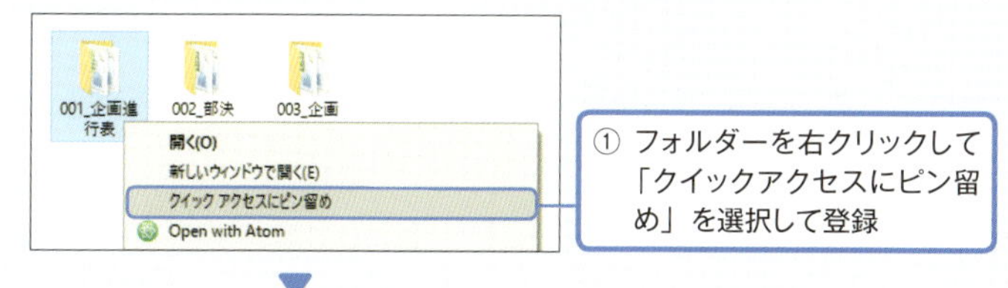

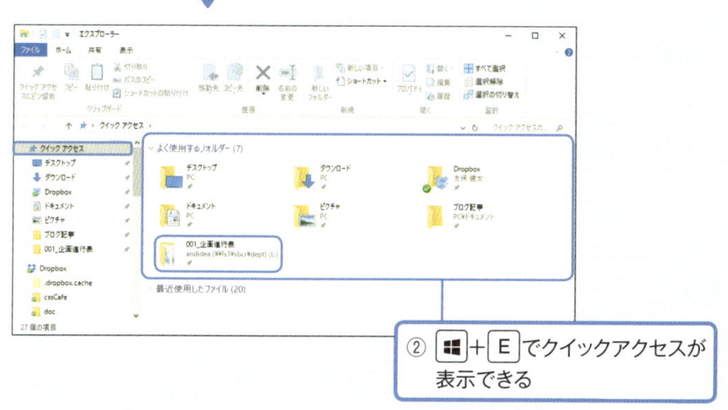

（参考）自動登録されたクイックアクセスの削除方法

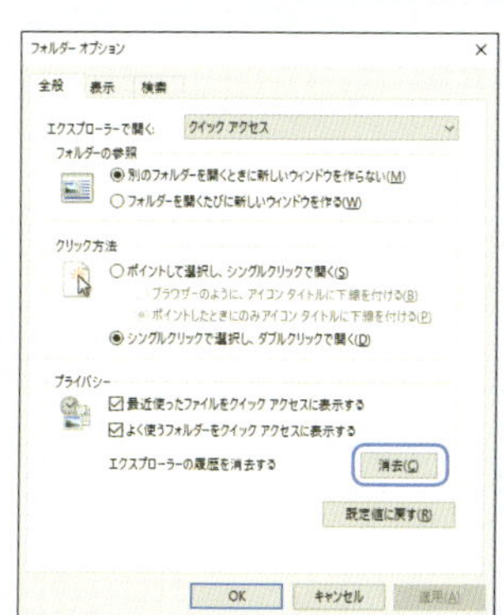

エクスプローラーの「表示」タブの「オプション」から、フォルダーオプションを開く。
「全般」タブでプライバシーの「消去」をクリックすると、自動登録されたクイックアクセスが消去される。
自分でピン留めしたフォルダーは消去されない

75 保管用のフォルダーに送れる仕組みを作る

「送る」メニューを使えばどこからでも一瞬で送れる

パソコンのファイルを整理する方法は各自で工夫されていると思いますが、ひとつ効率的な方法をご紹介します。それは、**保管専用のフォルダーを作っておいて、バックアップしたいファイルや作業が完了したフォルダーはそこへどんどん放り込む方法です。**

この際、分類のことは考えずに、ただ放り込んでしまいます。必要なファイルは技66で紹介している検索を使えばかんたんに見つけることができます。現在進行中の案件のファイルなどはフォルダーで整理されていたほうが作業効率がよいと思いますが、**保管用であるなら分類を考えるのは時間のムダです。**

この方法を使うときには、**いつでもどこでもファイルを保管用のフォルダーへ放り込めるようにしておくと便利です。**

準備として、まずは右クリックメニューにある「送る」メニューにフォルダーを追加します。**[Windows]＋[R]を押して「ファイル名を指定して実行」を開き、「shell:sendto」と入力**すると、「SendTo」フォルダーが開きます。ここに**フォルダーのショートカットを作成**しておけば、「送る」メニューに表示される仕組みです。

「送る」メニューが用意できたら、あとはファイルを送るだけです。保管しておきたいファイルが出てきたら、どんな場所からでも右クリックですばやく送れます。ただしファイルを普通に「送る」とコピーになるので、移動したいときは送り先のフォルダーを[Shift]を押しながらクリックします。

02分短縮

「送る」メニューからフォルダーに移動·コピー

「送る」メニューにフォルダーを登録

[Windows]+[R]で「ファイル名を指定して実行」を表示

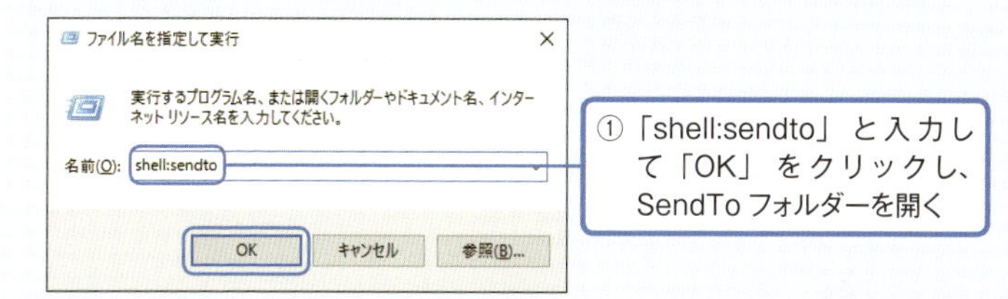

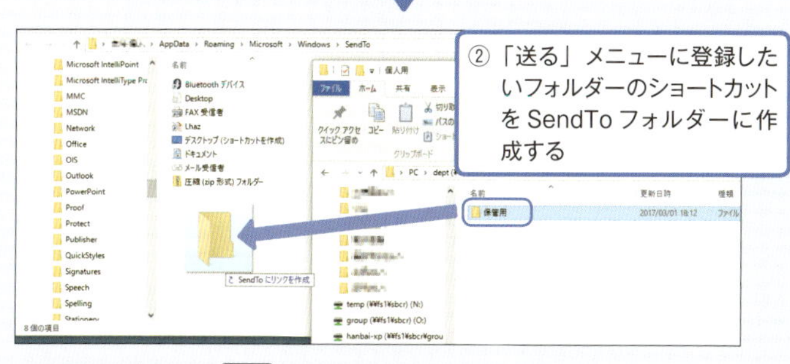

ショートカットの作成は、[Alt]を押しながらドラッグ&ドロップするのがラク

「送る」メニューから登録したフォルダーに移動・コピー

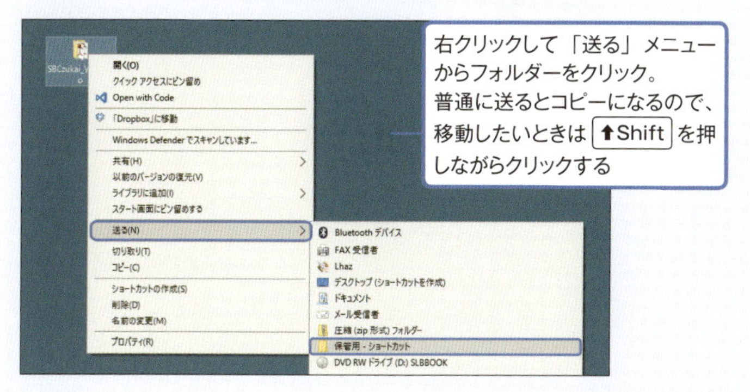

8章

パソコンの潜在能力を100%引き出す

ちょっとした作業がストレスなく行える。

パソコンに求めているのは、実はこういうことだったりします。パソコンの起動が数秒でも速くなれば、それだけ仕事に早く取り掛かることができます。逆にパソコンの起動が遅いばかりに、やる気が減少してしまったことのある人もいると思います。

高性能なパソコンに買い替えられなくても、今のパソコンだって捨てたものではありません。パソコンを遅くしている原因を見つけて解消してやれば、パフォーマンスを改善することができます。

さらに、毎日使うことがわかっているアプリなら、普段より少し速く起動できるように下準備をしておきましょう。

本章では、仕事を早く進める手助けができるように、Windowsの環境を整える方法を紹介します。

76 パソコンの起動時間を最速にする方法

かんたんなメンテナンスで起動時間の無駄を省く

パソコンの電源を入れてWindowsが起動するときには、さまざまなプログラムも裏で併せて起動しています。**これらのプログラムがパソコンの起動に時間がかかる原因です。**

セキュリティ対策ソフトなど、必要があって起動しているものも多いのですが、中には知らぬ間に不要なものが紛れ込んでいて、パソコンの起動に無駄な時間を費やしています。不要なプログラムは起動させないようにして、パソコンの起動を高速にしましょう。

そもそも、プログラムが起動されているだけでCPUやメモリを使ったり、裏でネットワークの通信をしたりして、パソコンの動作に影響します。**無駄なプログラムを停止したほうがよいのは起動時間だけに限った話ではありません。**一度設定すれば済みますので、ぜひ以下の内容を実行してください。

まずは Ctrl + Shift + Esc **を押して、タスクマネージャーを起動**します。次に**「スタートアップ」タブ**を開きます※。Windowsが起動するときに実行しているプログラムの一覧が表示されるので、**不要なものを無効化**します。

どのプログラムを無効化すればよいのか難しく考える必要はありません。アプリの名前を見て、明らかに使っていなさそうなものだけ無効化すれば十分です。名前を見ても何のプログラムか判断できないものは、そのままにしておきます。これだけでパソコンのベストな起動時間を引き出すことができます。

※ Windows 7では ⊞ + R を押して「ファイル名を指定して実行」を開き、「msconfig」と入力して「システム構成」を起動し、「スタートアップ」タブを開きます。

スタートアップで不要なアプリを無効化

Ctrl + ⬆Shift + Esc を押してタスクマネージャーを起動

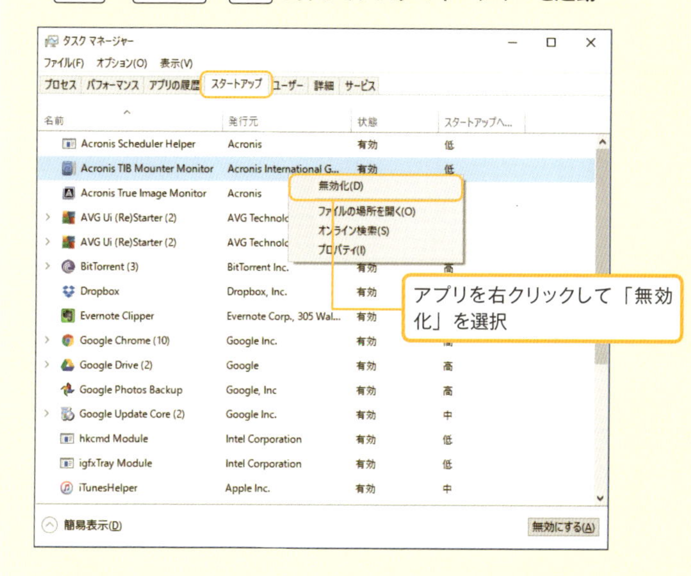

（参考）バックグラウンドアプリの無効化（Windows 10）

Windows 10で追加されたバックグラウンドアプリは動作していなくても不都合のないものばかりです。こちらもムダに起動させないように設定できます。

⊞ + I を押して「設定」を開き、「プライバシー」→「バックグラウンドアプリ」を選択。
この画面で不要なアプリをオフにする

77 Windowsをキビキビ動かす視覚効果

視覚効果のアニメーションを無効にする

パソコンでの仕事を速くするには、仕事の流れを妨げないように、Windows 自体がキビキビ動作することも大切です。

普段はあまり意識しないことですが、実はパソコンの操作を遅くする原因になっているのが、アニメーションなどの視覚効果です。これは、古いパソコンを使っている人だけでなく、今のパソコンで十分速いと思っている人も同様です。

とくに、**ウィンドウを最大化、最小化するときのアニメーション**は、アプリのスムーズな切り替えを妨げています。これがあるかないかで体感速度に違いが出ますので、ぜひ一度視覚効果を無効にすることを試してみてください。

やり方は次のとおりです。

まず、**⊞を押しながらPause/Breakを押して**、システム画面を表示します。**「システムの詳細設定」をクリック**してシステムのプロパティを開いたら、続けて「詳細設定」タブのパフォーマンスのところにある**「設定」ボタンをクリック**します。パフォーマンスオプションが表示されるので、この中から**「ウィンドウを最大化や最小化するときにアニメーションで表示する」のチェックを外して、「OK」をクリック**します。

これでウィンドウを最大化、最小化してみると、ムダな視覚効果がなく画面がサクサク切り替わります。大きな時短につながるワザではありませんが、アプリの切り替えがぐっと快適になるはずです。

視覚効果を無効にする

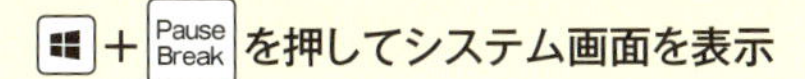

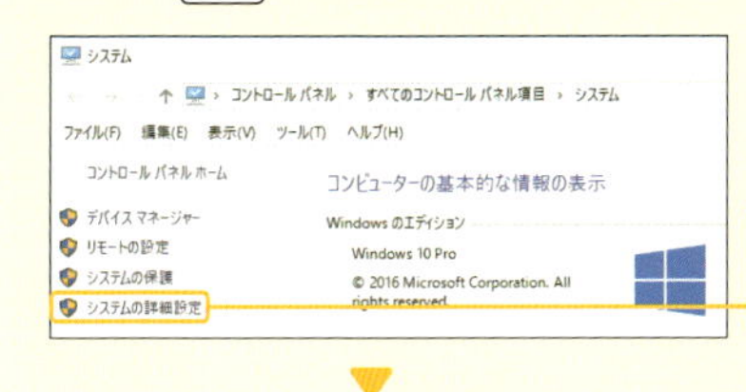

①「システムの詳細設定」をクリック

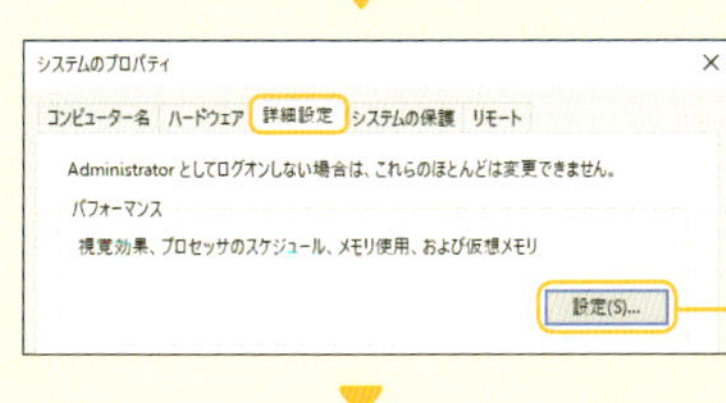

②「設定」をクリック

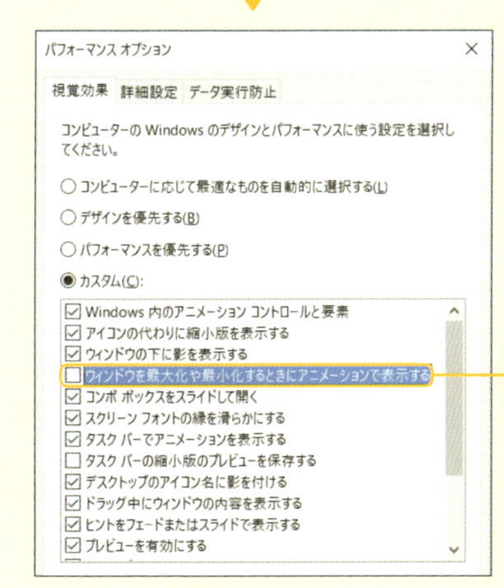

③ チェックを外して「OK」をクリック

ほかにも設定があるが、古いパソコンなどで Windows が遅いとき以外は変更しなくてよい。
とくにフォントが荒く表示されるのを防ぐため、「スクリーンフォントの縁を滑らかにする」はチェックしたままにしておくこと

78 不要なデータを一気に削除する

Windowsの無駄な一時ファイルをまとめて削除する

パソコンを長期間使用していると、ある日、ドライブの空き容量が不足してパソコンの動作が重くなっていることに気づくことがあります。その場合は不要なファイルを削除したり、ごみ箱を空にしたりしてデータを減らさなくてはなりませんが、不要なファイルをあちこち探して回るのは大変ですよね。

そんなときは、ぜひ最初に「**ディスククリーンアップ**」を試してください。ディスククリーンアップはインターネットのダウンロードデータのような、Windowsが一時的にとっておくファイルを一気に削除する機能です。**長く使い込んでいるパソコンでは数ギガバイト単位で不要なファイルを削除できることもあります。**

ディスククリーンアップの実行方法は次のとおりです。

まず、**エクスプローラーで「PC」を開いてドライブを表示。ドライブを選択して「管理」タブ→「クリーンアップ」をクリック※。ディスククリーンアップが表示されたら「削除するファイル」のリストの不要なものにチェックを入れて「OK」をクリック**します。どのファイルが不要かを考えるのは難しいですが、基本的にはどれも不要と思ってしまって大丈夫です。

ディスククリーンアップを行う頻度に神経質になる必要はありません。ちょっとディスクの容量が減ってきた、なんとなくパソコンの動作が重い、と感じてからでいいでしょう。一年に数回行えば、パソコンの環境を快適に保つことができます。

※ Windows 7では対象のドライブを右クリックして「プロパティ」を選び、ドライブのプロパティで「ディスクのクリーンアップ」をクリックします。

ディスククリーンアップを実行する

エクスプローラーで「PC」を開いてドライブを表示

① 対象のドライブを選択して、「管理」タブの「クリーンアップ」をクリックすると、不要なファイルが調査される

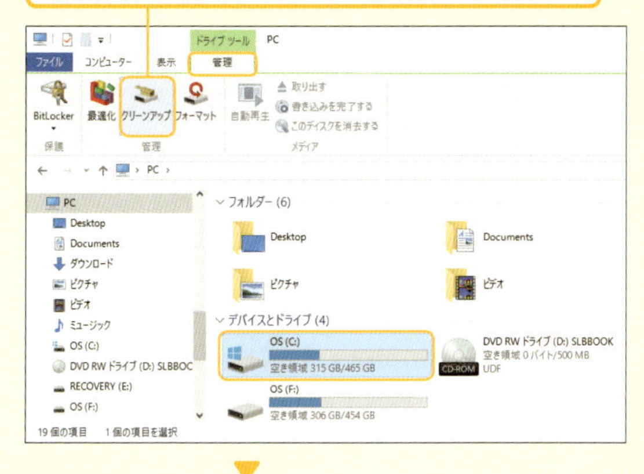

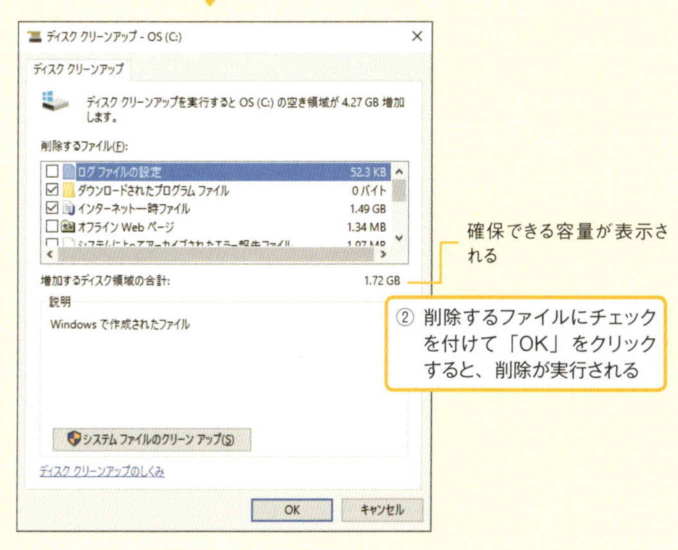

確保できる容量が表示される

② 削除するファイルにチェックを付けて「OK」をクリックすると、削除が実行される

79 毎日使うアプリは自動で起動させる

スタートアップを使ったアプリ起動の自動化

毎日のパソコンにかける時間は、自動化によっても減らすことができます。中でもかんたんに取り組めるものとして、**アプリの起動の自動化**があります。

みなさんが会社に出勤したら、まずパソコンを立ち上げて、次にブラウザとメールアプリを立ち上げて…といったお決まりの流れがあるでしょう。そこで、**毎日必ず起動するアプリはスタートアップに登録しておきます**。そうすると、Windowsが起動するときに、アプリも自動的に起動されます。パソコンの電源ボタンを押して、その日の仕事の計画を立てている間に、必要なアプリはすべて起動しているというわけです。

スタートアップにアプリを登録するには、まずは**⊞+Ⓡを押します。**「ファイル名を指定して実行」が開いたら、**「shell:startup」と入力して「OK」をクリックします。**これで「スタートアップ」フォルダーが開きますので、**その中にアプリのショートカットを作成します。**スタートメニューに登録されているアプリなら、スタートメニューからドラッグ＆ドロップすればOK。これで準備完了です。以降はパソコンを起動する際に登録したアプリが自動で起動するようになります。

ただし、スリープ状態から復帰したときはスタートアップは行われません。一日の仕事の終わりにWindowsをシャットダウンする人限定のワザです。

02分
短縮

アプリの起動を自動化する

⊞＋R を押して「ファイル名を指定して実行」を開く

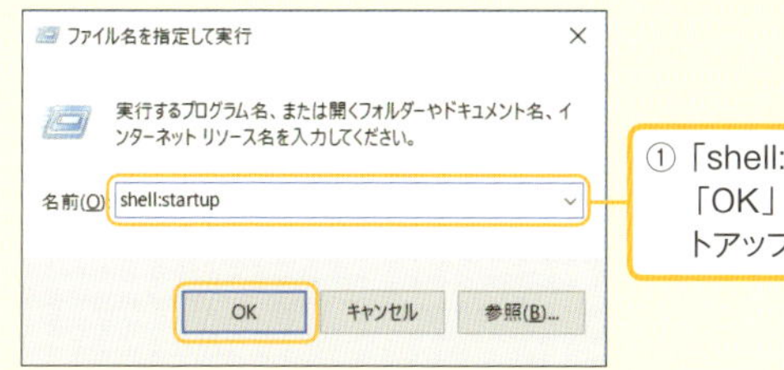

①「shell:startup」と入力して「OK」をクリックし、「スタートアップ」フォルダーを開く

②自動起動したいアプリのショートカットをスタートメニューからドラッグ&ドロップする

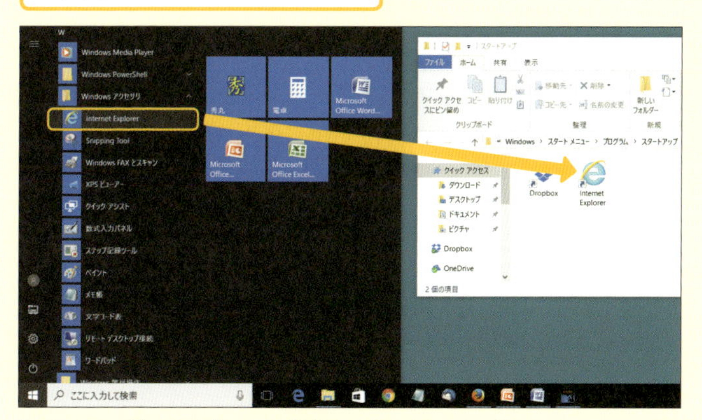

「スタートアップ」フォルダーには、過去にインストールしたアプリが登録されていることもある。
不要なアプリは起動時間を遅くするので削除しておく

80 メモリーカードの中身を自動で表示する

自動再生機能は有効にしておこう

デジカメで撮影した写真を取り込んだり、別のパソコンからデータを移動したりするときに、メモリーカードやUSBメモリーをパソコンにセットすることがあると思います。

このとき、自動的にフォルダーを開いて、中身を表示する機能がWindowsにはあります。これがあると、いちいちエクスプローラーを起動しなくてもメディアの内容をすぐに確かめることができて便利です。

ところが、**自動再生機能が意図したとおりに動作しないことがあります。**

メモリーカードやUSBメモリーをパソコンに初めてセットしたときに、どう操作するかを問い合わせるウィンドウがデスクトップの右下に表示されますが、ここでうっかり「何もしない」を選んでしまうと、以後なんの操作も指定できなくなってしまうのです。

みなさんのパソコンで自動再生機能が無効になっているときは、設定を変更して、機能を有効にしましょう。**ちょっとしたことですが、パソコン仕事の時短は、こうした機能の積み重ねです。**

やり方は、パソコンにメディアをセットしてから、エクスプローラーでリムーバブルメディアを表示して、**右クリック→「自動再生を開く」**を選択します※。操作を選ぶウィンドウが表示されるので、**「フォルダーを開いてファイルを表示」をクリックします。**これでメディアをセットしたときにフォルダーが自動で開くようになります。

※ Windows 7では「スタート」→「すべてのプログラム」→「既定のプログラム」→「自動再生の設定の変更」とクリックし、メディアの種類ごとに動作を設定します。

01分短縮 フォルダーを自動で開く

自動再生の仕組み

① メモリーカードやUSBメモリーをパソコンに初めてセットすると、操作方法の問い合わせが出る

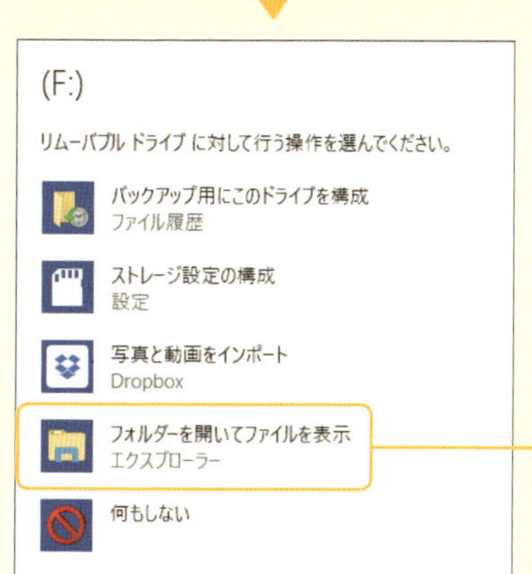

② これを選択するとフォルダーが自動で開くようになる

ここで「何もしない」を選ぶと、自動再生が無効になってしまう

自動再生機能の有効化

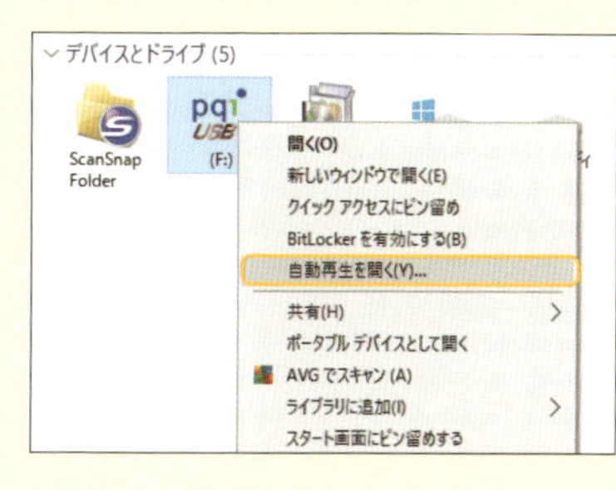

メモリーカードやUSBメモリーのドライブを右クリックして、「自動再生を開く」を選択。これでまた自動再生の設定が行える

おわりに

最後まで本書を読んでいただき、本当にありがとうございました！

忙しい人向けのビジネス本には、仕事のできる人がこっそり使っているワザとして、ショートカットキーの活用法が必ず紹介されます。本書でも、山のようにあるショートカットキーの中から、「これは！」というものを厳選してお届けすることで、仕事のスピードアップに貢献したいという熱意を込めたつもりです。

さて、ショートカットキーを使う一番の理由は「速さ」ですが、筆者自身はもうひとつ気に入っているところがあります。それは「指の動きが最小限で済む」ということ。つまり体への負担が少ないという点です。

私事になりますが、筆者は以前ひどい腱鞘炎に悩んでいた時期があります。マウスをクリックしたり、ホイールを回転させるたび激痛が走り、とはいえパソコンがなければ仕事もできず、ということで困り果てていました。トラックボールなども試しましたが、効果はまったくありませんでした。

転機となったのは、マウスを使うのをできるだけやめようと考えたことです。これが結果として大成功でした。

キーボードで操作するようになると、指の動きが最小限で済むため負担が減り、同時にパソコン操作も劇的に速くなったのです。

以来新しいショートカットキーを見つけては、その活用の仕方を試す毎日です。いつの間にか腱鞘炎もほとんど気にならなくなっていました。

みなさんにもショートカットキーを使って、「速く」そして「ラクに」Windowsを操作してもらいたいと思います。

パソコン操作で迷ったとき、より速い方法を見つけたいとき、たびたび立ち返って本書を開いてもらえると、筆者としてもうれしいかぎりです。

田中 拓也（たなか たくや）

パソコン誌の編集を経てテクニカルライターとして独立。自然科学や最新のデジタル技術に関心が高い。現在はインターネット、IT、デジタル関連の雑誌や媒体への記事の寄稿、編集業務に携わる。『理工系のネット検索術100』（SBクリエイティブ・共著）や、『Evernote スゴ技BOOK』（SBクリエイティブ）、『iPhoneアプリ完全大事典』（技術評論社・共著）など著書多数。

たった1秒の最強スキル
パソコン仕事が10倍速くなる80の方法

2017年 4月18日 初版第1刷発行
2019年 3月 7日 初版第10刷発行

著 者　田中 拓也
発行者　小川 淳
発行所　SBクリエイティブ株式会社
〒106-0032 東京都港区六本木2-4-5
https://www.sbcr.jp/

カバーデザイン　萩原弦一郎（ISSHIKI）
本文デザイン　市川さつき（ISSHIKI）
編集担当　友保 健太
印刷・製本　株式会社シナノ

落丁本、乱丁本は小社営業部（03-5549-1201）にてお取り替えいたします。
定価はカバーに記載されております。

Printed in Japan　ISBN978-4-7973-9085-8